U0047462

떠나는 용기 :
혼자 하는 여행이 진짜다!

離開的勇氣。

鄭嫛安──著‧攝影

徐若英──譯

目錄・contents

離開的勇氣，這樣就夠了。

感到乏力或是孤單的時候，忙於工作或是因周遭紛擾的人們而身心俱疲的時候，每個人用來克服負面情緒的方式都不一樣。在我認識的人當中，有的人會藉著喝酒抒發，有的人會藉著運動轉移注意力，還有人是喜歡找老朋友訴苦，希望能得到一點安慰。

說真的，我自己也一樣要時常面對這種情緒。日復一日的看診工作和馬不停蹄的演講以及上廣播節目的行程等等，時常讓我疲於奔命。好幾次我在體力和心力都不堪負荷的狀態下必須做出重要的決斷，卻無法集中精神來思考做出明智的判斷。後來，我發現了紓解這種問題一個很有效的方法，那就是獨自一個人去旅行。

遠離所有的壓力，讓自己一個人置身陌生的地方，放空一切、無事一身輕的時候，我感覺到有種幸福在心底蕩漾開

來。等到帶著滿心的愉悅歸來，離開之前原本不存在的一些嶄新的人事物開始圍繞生活週遭，總令我感到驚奇，後來我才明白一場旅行改變的並不是周邊的人事物，而是自己。

獨自去旅行除了會更專注的傾聽自己內心的聲音，也是隨著心靈指引，透過體驗嶄新的環境來自我療癒的一種經驗。我想，每一次的旅行都是人生的另一個轉折點、也是人生的嚮導。

我經常以個人的旅行經驗去建議那些因壓力而積鬱成疾或是苦於失眠、恐慌症而來到診療室求助的患者，告訴他們不妨準備一個簡便的背囊，裡面放一、二本自己喜歡的書和方便隨時隨地聆聽音樂的工具，一個人到遠離塵囂的地方去旅行。音樂家在不需要演奏的時候，會將樂器的弦線鬆開以確保樂器的優美音質。一般會認為按理應該要事先調校音色然後把弦線拴緊，其實相反。他們會把弦線鬆開，讓樂器從扭緊或是緊繃的狀態中鬆弛，等到需要演奏的時候才會重新把弦線拴緊。充分得到鬆弛的樂器，才能夠在演奏時呈現更為優美的音色。那些容易對周遭以及自我的壓迫感而承受沉重心理壓力的人，其實都需要在人生的弦線驟然斷掉之前，讓頭腦冷靜下來並消除緊張。

對於一個積極規劃並且勇於展開旅程的人而言，那是一段與自己面對面的冥想時刻，是讓自己對這個世界改觀的時刻。而且，除了旅程所帶來的成就感和自信之外，你會從這

樣的珍貴經驗了解到如何用自己的方式遊玩並且擴展自身的視野。因為，旅行不只是不同場所之間的轉換，更是一次拋開自我窠臼框架的過程。

　　想去旅行卻遲遲無法動身，最終其實是你有沒有勇氣離開的問題。很多人都想去旅行，但是真的會去旅行的人卻不多。別再讓旅行只是此生一定要完成的待辦事項，儘管動身吧，那個果實，比你想像中更甜美許多。

韓醫師，也是療癒旅人
鄭嬰安

01
......

幸福的國度

不丹

幸福的所在 | Bhutan

　　結束了尼泊爾邊境的喜馬拉雅山脈徒步行程，傍晚時分，我坐在座落於博克拉湖畔一間看來有些簡陋的餐廳裡，望著湖面上魚尾峰的倒影（Machhapuchhre，海拔 6,993 公尺），回想白天爬山時，結識了退休後正在環遊世界的一位英國老紳士，並且聊了起來。

　　我們聊到最值得旅行的國家時，他積極向我推薦，如果還沒有去過不丹，絕對要去一次。見他興致高昂的讚嘆：「只要去過一次，一定還會想再去第二次」、「那是一個幸福人們的國度」，我也開始忍不住嚮往了起來。

　　不丹是位在喜馬拉雅山下一個隱遁的王國，1970 年中半時期才開始受到世界的注目。儘管每年有大批觀光客爭先恐後想要一窺這個神秘的國家，不丹觀光局則是嚴格執行「少量高品質」政策而限制性的發給簽證。

穿著傳統服飾，
拉近與不丹人的距離

飛機在飛經過曼谷之後，開始緩緩降低高度，準備降落在不丹的帕羅機場，從飛機窗外看出去，一眼就能望見喜馬拉雅山脈高聳的雪山，以及被蓊鬱樹林覆蓋的大小山峰群。與不丹觀光局合作負責當地旅遊的導遊和司機已經在機場等著我的到來。他們特地穿上不丹的傳統國服，與兩人愉快的握手寒喧之後，一行人上了車開往不丹的首都廷布（Thimphu）。

不丹政府規定，遊客必須僱用當地旅行社和司機，並且將旅費預算事先給付完成才會發給簽證，並且搭乘入境不丹的班機。

當地的旅行社會為旅客將旅遊景點和相關的許可證都事先準備妥當，所以即使是一個人來旅行也可以很放心的遊玩，完全不需要為行程費心。

來到首都廷布的第一天，我在市區買了一套不丹女性的傳統服飾「旗拉」（Kira），男性傳統服飾則是「幗」（Gho）。接下來的幾天我都穿著「旗拉」外出，不管走到哪裡，當地居民看到我一個外來遊客穿著他們的傳統服飾，都表示謝意和引以為傲，其他觀光客對於我的一身裝扮也都

投以羨慕的目光和讚美。

「宗」（Dzong，寺廟）對不丹人而言是一個神聖的場所，即便在現代，連不丹的行政機關也都會和寺廟往來，若要出入此地，除了穿著傳統服飾，男性必須要再披上白色的披巾（Kabney），而女性則是要披上紅色的披巾（Rachu），我也入境隨俗的披上 Rachu，前去探訪普納卡宗（Punakha Dzong）。

親自穿上不丹的傳統服飾後發現，其實比想像中來得方便舒適。而且，穿上當地人日常穿著的傳統服飾，比較容易和不丹人拉近距離，這讓我感到安心。我才發現展現對這個國家的尊重和誠意最有效的方式，是穿上他們的傳統服飾。

最受歡迎的明星──國王夫婦

普納卡宗座落在「母親河」（Mochu）與「父親河」（Phochu）匯集的三角地帶，不論從哪個角度看都是一幅美麗的風景。

尤其，這裡不但曾經舉行過不丹第一任國王的登基儀式，也是現任國王和平民王后舉辦結婚典禮的寺院，所以別具意義。我何其有幸，居然正好遇見前來參拜的國王夫婦。

在不丹旅遊的遊客不論走到哪裡都能看見第五代國王旺楚克（Jigme Khesar Namgyel Wangchuck）和美麗王后佩瑪（Jetsun Pema）的合照。尤其，2011 年 10 月舉辦的婚禮照片更是隨處可見。照片中國王一身華麗又不失威嚴的幗服裝扮，臉上洋溢著幸福笑容，緊緊握著身旁王妃的手，兩人的儷影傳達出滿滿幸福。婚禮依據不丹傳統的佛教儀式，只邀請王室家族、近親和政界人士，而舉行婚禮儀式的場地正是普納卡宗。

經過普納卡宗入口處的辦公室，橫越庭院便可以望見僧侶們生活的寺院。我在庭院待了一會兒，沒多久，出乎意料地見到國王夫婦緩緩走過院子進入寺院內。臉上帶著微笑，優雅地走進寺院裡的國王夫婦，看上去威嚴莊重卻絲毫沒有權威架勢，反倒充滿了親和力。

徹底落實獨到且進化的政策

說到不丹，不能不提到國王，因為他是深受不丹人民愛戴的象徵性人物。17 歲成為第四代國王的吉格梅・辛格・旺楚克（Jigme Singye Wangchuck，現任國王的父親），在 1974 年的登基典禮上對人民宣布：「不丹王國將以提升 GNH（Gross National Happiness，國民幸福指數）為首要努

力的目標，而不只是重視開發或是 GDP、GNP 等經濟成長指標。」他認為一個國家的人民心靈的提升與成長，和經濟成長同等重要，並且相信這才是真正的幸福，他允諾人民將落實世界上最為獨到且進化的哲學和政策。與其他不擇手段只為提高所得、要人民犧牲個人幸福、影響家人感情的開發國家相比，這的確是很不一樣的政策。

不丹國王的政見讓人感受到他以國民幸福為重的方向而樹立國家政策的強烈意志。除此之外，像是不丹人有義務平時也要穿著不丹傳統服飾的規定、規定建築物必須採用傳統的工法使用混凝土或是磚頭建造，規定用木頭做窗戶時不能使用釘子只能採用榫卯結構、規定國土的三分之二作為山林保護區，規定外來遊客必須按日繳納規定的金額作為國家收入來源（用來提供不丹國民免費的醫療和教育費用）部分用途的觀光法規。

不丹的憲法著重的是永續公平的社會經濟發展，以及清廉良好的統治。人民對此有什麼樣的感受、幸福指數是否在下滑、什麼樣的環境能夠造就幸福感等問題，國家設有幸福檢測機關，並且將測定的結果反應在政治上。這個世界上有幾個國家能像這樣把國人的幸福指數積極反應在政策之上？

人們之所以開始注意到不丹這個國家，一方面絕對是因為不丹是世界上唯一一個國王自願放下王權導入民主主義的國家。第四代國王傳位於現任國王之前，是世界上唯一自願

放下所有的王權並且親自拜訪、說服人民，導入人民主導選舉的民主主義的國王。直到現在他依然是人民心目中的聖君，是世界上史無前例深受人民景仰的一位真正的領導者。

在伯茲卡谷驚見黑頸鶴

前往世界上最珍貴的「黑頸鶴」棲息地的冰河谷——伯茲卡谷地（Phobjikha Valley，海拔 2,878 公尺）的山路十分險峻。狹窄的山路完全不經整修且隨時都有遇到落石的危險，有些區間更因為落石的阻擋而正在施工。

我從廷布出發，因為在可以望見喜馬拉雅雪山壯闊風景的都楚拉隘口（Dochula Pass）享用了一杯早晨咖啡，而多逗留了大概 1 個小時，一行人開了很久的吉普車才抵達伯茲卡谷地。除了中途停下來吃午飯之外，將近開了 7 個小時的車，接近黃昏時分好不容易才到達山谷。

如果要到鄰近的村落，得要翻越高度 3,000 公尺以上的山谷，而遠處的雪山是海拔 7 ～ 8,000 公尺的喜馬拉雅山脈，所以放眼望去周圍盡是秀麗的高山景緻。

儘管如此，前往伯茲卡谷地的路得要一次走完險峻的山路和高 3,000 多公尺的山谷，簡直是一場酷刑。在伯茲卡谷地可以看到每年 10 月到 4 月期間飛往西藏的黑頸鶴。多虧

了不丹政府為保存自然生態而所作的努力，讓我們有幸見到世上稀有的動物和鳥類。

　　整個上午我都在一面欣賞黑頸鶴，一面步行圍繞山谷的崗堤（Gangtey Nature Trail）風景路線。就在路線起點的徒步區入口，我結識了一身西藏喇嘛裝扮的德國籍比丘尼Leoni。Leoni 曾經到喜馬拉雅山脈考察，也去過尼泊爾、印度和泰國等與佛教有關的國家，原本在德國當教師，某次到印度旅行後便深深著迷於佛教，毅然決然當了比丘尼。說是正在西藏修行，來不丹旅行差不多有兩個星期了。我們兩人邊走邊聊，不知不覺已經來到終點——崗堤寺院。

不丹的聖地，攀登虎穴寺

　　被列為人生必看的世界百大建築之一的虎穴寺（Taktshang Goemba，海拔 3,140 公尺），用石頭和木頭為建材，蓋在 900 公尺高的峭壁之上，是不丹最神聖的寺院。

　　即便導遊沒有特別叮嚀這個地方非來不可，光是從通往寺院的路口仰望峭壁上的寺院，就已經足以令人肅然起敬。沿著陡峭山路大約走了 2 小時，出現了一間可以望見寺院、景觀視野絕佳的咖啡屋。從咖啡屋前往崗堤寺院的路是起

伏陡峻的坡道，走來相當吃力，我見到一位看上去應該是90多歲的老太太，在看似兒子和媳婦的一對夫妻攙扶下吃力的走著。我望著老太太使盡所有力氣一步步緩緩走向寺院的身影，彷彿感受到她真誠的佛心。

進入寺院之前必須把隨身物品和相機寄放在入口處，對遊客而言無法拍下寺院內部是一件十分可惜的事，但對於前來敬拜的當地人而言，其實是正確的管制措施。

據說在西元8世紀把佛教帶入不丹的高僧「蓮花生大士」（Guru Padmasambhava）騎著一隻母老虎前來，停駐修行的洞穴是寺院內最神聖的地方，深鎖的洞口前可以看到許多來自不丹偏遠外地和尼泊爾、西藏等地前來祈願的朝聖人們。與肅穆祈禱的他們一起跪拜，想像著西元8世紀時就在這個地方閉關修行的蓮花生大士，我也跟著人們靜默片刻。

到了晚上我打算來趟「燙石浴」，消除白天為了一睹崗堤寺院而在峭壁爬上爬下的疲勞，便前往當地人都會去的一個農家。

把熱水注入木桶裡，把從Paro山谷撿來的圓滾石頭用柴火烤熱後放進洗澡水，水不但很快就會變溫熱，還能持續保持水溫。我拿了一些Mongar盛產的檸檬香茅撒在水裡，然後把疲憊不堪的身體浸在熱水當中。大概泡了1小時左右，我感覺到因為走了太多路而水腫的兩條腿和關節上的

通往聳立於峭壁上的崗堤寺院的路徑。

疲勞都消失了。燙石浴是不丹的農家從很久以前就傳承下來的沐浴方法，是一整天在外忙於農事的農家消解工作疲勞的方式。

懂得享受緩慢的悠閒，幸福的不丹人民

遊歷不丹各地儘管花了不少的時間，然而不論我走到哪裡，最為印象深刻的是這個國家人民的表情。不論老少，每個人臉上表情都是那麼的安祥而明朗，想法正面、為人坦蕩。舉手投足之間顯得一派悠閒，有一種特有的風範。

我在曼谷轉乘飛往不丹班機的接駁巴士上，就已經感受到他們的這種悠閒特質，給人的第一印象十分特別。他們的表情讓我感受到，這是一個把提升人民幸福指數當作政策的國家。

此外，從不丹超過 1 千年的佛教歷史中可以理解到，人們所抱持的佛心遠遠超乎外人的想像。在這個國家路上見不到流浪漢，也沒有孤兒。

原因是因為，在這裡人人懂得彼此尊重，懷抱著互相幫助遭逢困境的人的那種真摯佛心。首都廷布的馬路上甚至看不到任何一個紅綠燈。在每一個駕駛人都會主動禮讓對方的

向著大佛行五體投地大禮的青年。

國家裡，其實有沒有紅綠燈都無所謂了。就國民所得來說，這個國家的人民並不富有，但是卻人人擁有自己的房子和土地。歷任國王都把自己的土地分給沒有土地的人民，而現任的國王夫婦則是用有錢人捐獻的錢來買房子和土地分給人民。那些在首都廷布打拼的年輕人雖然都是借住別人的房子，但是他們在故鄉都有自己的父母親留下來的土地和房子。有誰能說他們是窮人呢？

除此之外，人民享有免費的教育和醫療服務，即便沒有特別上過私人課程，也能用英語對談如流。孩子們喜歡上學，校園裡自然也就沒有常見的霸凌，或是因升學競爭激烈造成憂鬱症等情形。大人們通常下午4點就下班（夏天是5點）到學校接孩子回家，晚上9點和家人吃晚餐前，先和朋友們聚在一起射箭或是玩飛鏢，小酌兩杯或喝茶聊天。

下初雪的日子他們甚至會停下手上的工作，趕回家和家人慶祝下雪。

旅遊期間我在這裡迎接了新年。市區裡的樹林和公園、草坪上到處可見享受愉快野餐的一家人。

大家一起享用帶來的餐點，看著圍成圓圈坐在一起、開心跳著傳統舞蹈的人們，他們快樂的身影不禁令人開始思考關於家人的真正意義和自在的人生，並且了解到金錢不代表就擁有幸福的這個真理。

好吃又健康的有機菜餚

不丹人喜歡吃辣，尤其喜歡把紅辣椒研磨成粉來入菜。用餐時可以跟店家要辣椒粉盡情享用。不丹是我所見過最愛吃辣的國家。大部分的農家都會種植稻米和蔬菜，除了供給不丹人食用，多出來的稻米和蔬菜更足以輸出印度。他們主要是以牛糞作為肥料來栽種稻米和蔬菜，採取有機耕種，不使用農藥，對土地、對人都是有利的。此外，不丹人也會養家畜，但是他們不殺生，飲食上所需要的肉類和魚類都是從印度和泰國進口。

這裡也有各式各樣的水果，如果是當地缺少的水果同樣會從印度和泰國進口，因此一年四季都能享用各種不一樣的水果。相較於現代人受基因改造的豆製品、使用化學肥料種植的稻米和蔬菜所污染的餐桌，不丹人運用自然農法栽種的各種蔬菜及肉類所做成的美味菜餚是何等健康啊！

另外，不丹人也喜歡喝兩杯。一旦開始喝起來一定要不醉不歸，這點和一些愛喝酒的韓國人有得比。家家戶戶都會自己用米釀製傳統酒「Ara」。傳統的農家在工作時會一邊喝這種酒，結束了一天的農事之後，回到家裡也會喝一杯溫熱過的酒。有客人到家裡作客時也會端上桌招待客人，以示歡迎之意。味道有點類似韓國的「安東燒酒」，就算是喝多

了，第二天醒來既不會宿醉也不會覺得腸胃不舒服。

不丹的東部人比西部人更喜歡 Ara。到西部人家裡作客，主人會準備茶點，但是在東部人家裡，則是以這種自家釀製米酒來招待。

令人羨慕的不丹婦女

不丹最叫人好奇的莫過於是家家戶戶的屋簷或大門口會掛著男性陽具的象徵物。尤其是通往奇美拉康寺（Chimi Lhakhang，俗稱為瘋喇嘛的廟）的村落入口，沿路的牆上都畫滿了陽具的圖畫。陽具被認為是助生、祈福、趨吉避兇的吉祥物，而非一般人所認為的性象徵。見到這些陽具掛飾，有些人會直覺認為不丹是一個男性主義的社會，其實正好相反。婦女懷孕的時候甚至於都期望懷的是女兒，不丹就是一個如此重視女性的母系社會。

以在企業和政府機關各地工作的女性員工數來說，不但人數接近男性，待遇方面也與男性相等。

相較於韓國，高學歷的單身女性因結婚或為了育兒需要放棄工作或是繼續上班、與男性相比難以升遷或是受差別待遇，不丹女性則是令人艷羨。

另外，一夫多妻制與一妻多夫制的共存制度，使得不丹

人的男女角色關係很不一樣。男女關係開放，婚前性關係和離婚的情形也很普遍。忠於自己的情感，不以制度來為愛情畫界線，更不會想要佔有彼此。

此外，婚後男方住進女方家是很正常的事，萬一要離婚，女方一樣比較強勢。當女方要求離婚時，男方必須無條件接受，而男方要求離婚，女方有權拒絕。雙方在協議離婚時，男方必須將一半的財產分給女方，且女方優先擁有子女的扶養權。離婚婦女多半是由娘家一起照顧子女，男方則是必須按子女人數將月薪的 20%（多個子女的情況下，最多 40%）交給女方作為子女的養育費。

再回頭看看韓國女性的情況，離婚後即使是獨自辛苦扶養子女，也很少會跟前夫拿贍養費。從女性的立場而言，不丹在各方面都令人十分羨慕。戀愛自由奔放，但卻也在法律上嚴格規範父母親應盡的責任。

不丹法律規定父母親必須肩負養育責任，直到孩子成年，韓國不知要到何時才能效法這樣的做法呢？

揮別被追趕的人生，
慢活帶來的幸福感

美英小姐是一位事業相當成功的職場女性。每到一個新

通往奇美拉康寺的路上，家家戶戶牆上畫著象徵吉祥的陽具圖。

的職場總是能夠在最快的時間之內升遷，年紀輕輕就已經當上某外商的主管。有一天開會途中她突然急忙衝出議會室，因為突如其來的一陣胸悶，並且心跳加速，讓她幾乎要昏倒。到醫院診斷的結果是「恐慌症」，後來她又數次發生類似的情況，到最後不得不離開職場。

來到診療室找我看病的時候，她已經是必須隨身攜帶鎮定劑和抗焦慮藥、安眠藥度日的重度恐慌症者。我想，或許這是美英小姐的身體和心靈再也不願意過著為工作分秒必爭、被時間追趕的日子，為了休息而發出求救訊號。如果她也能到不丹和這些幸福的人們坐在一起，看看他們的生活樣貌、和他們一起生活，想必一定能夠體會慢活帶來的自在與幸福感。說起來，美英小姐需要的並不是「藥」，而是「從慢活的自在當中感受幸福」。

地球上僅存的香格里拉

從不丹回來之後，腦海裡一直有個想法。在不停追求個人的發展和成長之際，是否有很多重要的人事物已經被我們遺忘了呢？慢活的悠閒、對他人的友善、明朗的笑容、與大自然共存的快樂、寶貴的傳統、生活的幸福指數……。不丹，擁有我們早已失去的某樣重要的東西。我了解到一個國

家抱持著明確的意識，不去盲目追求發展與成長，這一趟不丹之旅的體驗讓我覺得值回票價。

在首都廷布的市區裡往來穿梭的公車後面可以看到這樣的標語：

「Take a ride, and be happy!」

不丹果然是地球上僅存的香格里拉（理想國）！

| 不丹的傳統醫學 |

不丹的人民在法律上享有免費醫療資源。這項服務並不是只針對不丹人民，觀光客如果在當地受傷或生病，也可以在當地醫院接受治療或是接受傳統醫療服務。除了需要手術的狀況或是重大疾病必須前往印度就診之外，一般的病症可以在不丹境內求診。

傳承傳統醫學的醫生在不丹稱為「Dungtsho」，而專攻西方醫學的醫生則是以英語稱作「Doctor」。不丹國內沒有設立醫學院，所以如果要攻讀醫學就得到印度或孟加拉國公費留學。不過，學成歸國之後必須留在不丹當地的醫院服務。

傳統醫學院必須經過 5 年的課程，畢業後成為所謂的「Dungtsho」，便可以替人看病、開立處方和使用針刺激穴位的治療行為。若再繼續研讀 1 年，可成為針灸專科醫師（Acupuncture Specialist）。在醫院、傳統醫學院附設的醫院以及全國超過 200 家診療所工作的 Dungtsho 和 Doctor 都屬於公務員身分。在不丹，即使是低海拔地區，也都是超過海拔 2,200 公尺的高山地帶，因此很容易取得高山藥材。Dungtsho 在診療上就是使用這些高山藥材作為處方以達到有效的治療，只能在高山地區採得的冬蟲夏草也是這種藥材之一。

國立漢方醫院診療所建築外觀

旅行手札

普那卡
伯茲卡谷地
帕羅　廷布
不丹

| 旅遊行程 |

第 1 天：仁川→曼谷

第 2 天：曼谷→不丹（帕羅）／帕羅→廷布（開車）

第 3 天：廷布→都楚拉隘口→伯茲卡谷地

第 4 天：伯茲卡谷地→崗堤小徑→普那卡

第 5 天：普那卡→帕羅

第 6 天：帕羅

第 7 天：不丹（帕羅）→曼谷

第 8 天：曼谷→仁川

| 行前準備 |

前往不丹旅行的準備，比起其他國家要來得輕鬆。先選定一家由不丹觀光局指定的當地旅行社，把預定的行程內容告知旅行社，等待對方的報價單（一日食宿交通費 × 停留天數＋簽證辦理費用＋曼谷到不丹的來回機票），完成匯款手續，就算是準備妥當了。

出發之前，透過電子郵件取得班機號碼和電子機票（入境時，把註明簽證碼的文件交給海關，便可拿到入境簽證）。一日食宿交通費是每人 200 美金（淡季）～ 250 美金（旺季），其中 65 美金是用於國民醫療和教育等國民福祉經費的觀光稅。其餘則是在當地旅遊所需要的費用，包括住宿、用餐、導遊、司機和交通工具，所以遊客並不需要另外準備費用。

語言方面則是使用英語和宗喀語（Dzongkha，不丹語）。

| 飛行路線 |

飛往不丹的班機有國營航空「皇家不丹航空」（Druk Air）以及由扎西集團（Tashi Group）經營的民航公司「不丹航空」（Bhutan Airline）兩家航空公司。不丹國際機場位在距離首都廷布約 2 小時車程的帕羅市，國際線的飛航路線則是有「曼谷→帕羅」、「加德滿都→帕羅」、「新加坡→帕羅」等路線（曼谷→

帕羅單程 4 小時）。

| 旅遊時機 |
適合旅遊的時段：3 ～ 4 月、9 月底～ 11 月底（天候最好，各種慶典盛行的時期）。
不適宜旅遊的時段：6 ～ 8 月（受熱帶季風的影響而降雨量最多的時期）。

| 相關電影 |
- 《小活佛》（*Little Buddha*）導演：貝納多·貝托魯奇／1993 年上映。帕羅宗是電影場景之一。
- 《高山上的世界盃》（*The Cup*）導演：宗薩仁波切／1999 年上映。導演宗薩仁波切（Khyentse Norbu）出身不丹，同時也是西藏高僧。這是真人真事改編的故事，描寫兩個熱愛足球的小喇嘛，是不丹第一部長篇藏語電影。
- 《旅行者與魔術師》（*Travelers & Magicians*）導演：宗薩仁波切／2002 年上映。宗薩仁波切導演的第二部電影。
- 《舞孃禁戀》（*Vara: A Blessing*）導演：宗薩仁波切／2013 年上映。宗薩仁波切導演的第三部電影，2013 年被選為釜山國際電影節的開幕片，當時宗薩仁波切親自造訪釜山。

| 相關書籍 |
- 《超越天與地：雷龍之國不丹的隱祕歲月》（*Beyond the Sky and the Earth: A Journey into Bhutan*）作者：潔米·惹巴（Jamie Zeppa）。來自加拿大的潔米，敘述在不丹擔任英語教師 3 年間所經歷的人事物，溫馨描寫她與不丹偏遠村落孩子們之間的情感。
- 《我嫁到不丹的幸福生活：一段愛與冒險的故事》（*Married to Bhutan: How One Woman Got Lost, Said "I Do" and Found Bliss*）作者：琳達·黎明（Linda Leaming）。琳達來自美國，曾旅行過許多國家的她，在 1994 年來到不丹擔任英語教師，而結識了現在的丈夫並過著快樂生活的故事，充分傳達出不丹的迷人之處。
- 《幸福王國不丹的智慧》（幸福王国ブータンの智恵）作者：齋藤利也、小原美千代。描寫不丹的風俗、生活、政治、自然、人民幸福的一本書，照片搭配簡潔的說明，讀來簡單易懂。

02
......

祈願者的國度

西藏

The miraculous healing journeys of Ian

虔誠的祈禱 | Tibet

　　某年秋天，我終於完成夢寐以求的喜馬拉雅山徒步之旅，在加德滿都愉快的享受悠閒時光。趁著空檔，我決定到居住於尼泊爾的流亡藏人會去的「博拿佛塔」（Boudhanath Stupa）寺院逛逛。

　　傍晚時分，喧鬧了一天的觀光客都離開後，寺院顯得有些寂寥。看著佛塔周圍稀稀落落轉著經輪（刻寫著西藏經傳的圓桶狀「摩尼車」）表情虔誠的藏人身影，聽著他們口中懇切唸著「唵嘛呢叭咪吽」（Om mani padme hum）的祈禱文，我可以感受到佛陀就在他們的心中。突然間，我對於他們想要脫離的母國西藏感到好奇。假如所有人都能夠像西藏人如此深信達賴喇嘛的靈魂輪迴和永恆的緣分，那麼，即使是偶然的相遇，我們是否也會更懂得珍惜。

　　某天無意間我注意到報紙上的一行文字，當下我的眼睛

瞪大了兩倍。內容大意說，從北京西域到西藏拉薩的青藏火車終於通車了。當我得知可以橫越中國大陸直接進入西藏的消息，那天晚上我簡直興奮得睡不著覺。

唐朝文成公主前往吐蕃和親的淚水之路，在天路上奔馳

中國人把青藏鐵路的路線稱作「天路」，據說是因為列車奔馳在地勢高冷而雲霧繚繞的荒野中，故有此名（平均海拔 4,500 公尺、最高海拔 5,072 公尺）。如今只要搭 2 天的火車就能抵達目的地，但唐朝時代，為了國家大義而必須遠嫁西藏和親的文成公主，結婚隊伍在這條路上應該是走了好幾年才到西藏。

身為虔誠佛教徒的文成公主，當時攜帶著像是釋迦牟尼像等的佛教物品和佛經，以及珍貴的寶石和經傳等嫁妝，而當時這條天路在人們心中想必是為西藏帶來文明、為漢族帶來平和的祈福之路。不過，中國之所以建造這條路，其實是基於方便掌控當時受中國支配的西藏人。以結果而論，對於西藏人而言，這是條導致日後的西藏走向無力、抗爭示威與流亡等悲慟歷史的血淚之路。

西元 7 世紀，統一吐蕃並開創西藏復興的吐蕃王松贊

干布，當時分別納唐朝文成公主與尼泊爾的毗俱胝公主
（Bhrikuti，藏名：尺尊 khri-btsun）為妻，以中原最大勢力
傲視群雄，如果他看見了如今的祖國，是否會悲嘆不已？對
於藏人來說，松贊干布王一如韓國人心目中的廣開土大王，
都是偉大的民族英雄，如今藏人們或許都在感嘆，松贊干布
王時期的繁華早已不復存在。

靈性的城市，前往拉薩

　　我在北京西站，手裡拿著寫滿難懂的數字和記號的車
票，坐上了青藏列車。晚上 8 點 30 分，從北京西站出發的
列車，在深夜裡經過西安，直奔蘭州。第 2 天，列車駛經西
寧市，眼前開始出現悠然自得的游牧村落景色。位於青海省
的西寧市，平均海拔高度是 2,261 公尺，車窗外的風景截然
不同。廣闊平原那頭是一座座的山脈和流動的溪流，以及成
群結隊的游牧民族。

　　在面對如此壯闊迷人風景的列車之旅第 2 天，我卻開始
與叫人難受的高山症拔河。儘管臥鋪旁的架子上備有緩解高
山症的氧氣設備，但即便有氧氣可以使用，對於無法適應高
山地帶的人來說還是會有不同程度的窒息和暈眩。當列車翻
越海拔 5,072 公尺的唐古拉山脈，列車上幾乎是所有人都為

頭痛和呼吸困難而哀嚎。

越過唐古拉山脈之後，高度慢慢趨緩，不過，平均海拔還是高達 4,500 公尺。反覆不停的嘔吐所造成的脫水症狀，讓人難受極了，極度的頭痛和發熱就快要讓我精疲力竭之際，列車終於抵達拉薩（海拔 3,650 公尺）。藏人都是花上數月或數年，以虔誠向佛的心，沿路以五體投地的跪拜大禮，前來朝聖這神聖而靈性的城市拉薩。或許是因為我輕輕鬆鬆只花 2 天時間坐車來到這裡的關係吧，對於像我這樣的人來說，拉薩是讓人在前往的路上就因身體不適而學習到謙卑祈禱和冥想的聖地。

來到拉薩第一個前往的地方，竟然是急診室

出發之前我不停計劃著來到拉薩第一個要去的地方，沒想到，在拉薩車站急忙搭上計程車第一個拜訪的地方，竟是醫院的急診室。一個漢族醫師為我做了緊急處理，戴上氧氣罩、掛上點滴後，我就乖乖地躺在急診室的病床上。跟隔壁病床兩位同樣來自韓國的女性寒暄，才得知兩人是從全羅南道谷城郡來旅行的。巧的是三人都同年，更拉近了彼此的距離，我們很快就成了好朋友。

身為虔誠佛教徒的娜京小姐，很久以前就一直想來西藏

看看，這次藉著聖地巡禮的方式來旅行。愛熙小姐則是為了犒賞自己終於熬過最辛苦的幾年而來到這裡。接下來幾天，我們3人自成一組，直到最後一天都一起行動。比起從韓國就一起出發旅行，有時候像這樣，各自有著不同的成長經歷和條件、旅行目的，在旅途中偶然結識並且同行也很不錯。因為結識了這兩位朋友，我的西藏之旅有了更為豐富的感受。

在佛祖的神聖之地，
達賴喇嘛的天宮。

拉薩在西藏人的心目中是至高無上的寶地。地處海拔高度3,650公尺的拉薩，是一個地勢四面環山的小型盆地，雲層低矮、天空蔚藍，氣候冬暖夏涼。1,300年前將這裡定為首都的松贊干布王，也是因為感受到拉薩有此與眾不同的氣韻而決定的嗎？

在電影《火線大逃亡》（*Seven Years In Tibet*）中，有一幕場景是主角布萊德‧彼特在布達拉宮與一群喇嘛和僧侶生活在一起，故事敘述主角原本為了攀登喜馬拉雅山脈最高峰而來到西藏，卻沒想到在西藏成了達賴喇嘛的俗世弟子。從這部電影裡可以了解到，西方人是以什麼樣的觀點來看比起生命更看重死亡的西藏人、作為精神領袖引領人民的達賴喇

嘛，以及這個靈魂的國度——西藏。

在拉薩，就連在平地上慢慢走，都會覺得氧氣不足，如果走得快一點，簡直就要窒息了，想要一口氣爬過布達拉宮前數不完的階梯，幾乎是不可能的事情。我只能不時停下來休息喘口氣，因為每次往上多爬幾個階梯，就覺得頭痛欲裂、喘到好像心臟都要炸開了。待在拉薩的期間，能夠讓我的高山症症狀較沒那麼嚴重的地方，是人們視為西藏藝術的傑作、達賴喇嘛的夏宮「羅布林卡」（Norbulingka）庭園。

羅布林卡座落在河岸旁，園內有寧靜的水池和蓊鬱的樹林，可說是拉薩氧氣最多的地方。為了靜養身體而來到夏宮的喇嘛七世，之所以會經常來小住的理由，想來應該是他也覺得這裡有一種療癒的力量。

祈願者的聖地，
大昭寺的清晨。

在拉薩，最吸引我的地方是松贊干布王建造的大昭寺（Jokhang Temple）。這趟旅行正是為了親眼目睹被喻為西藏佛教中心的這座寺院而來到拉薩。《西藏鎮魔圖》以一個仰臥女人（羅剎女）的形體表現出西藏地形，大昭寺就畫在心臟部位，足見這裡是西藏人的精神寄託所在。寺院供奉著

大昭寺的清晨，祈願的婦女。

唐朝文成公主和親時帶來的釋迦牟尼佛 12 歲等身像，西藏人認為見到這尊佛像就等於見到釋迦牟尼一樣。

而且，他們把參拜這尊佛像視為畢生心願，認為這座寺院是非常神聖的地方。不同時段的大昭寺，有著完全不同的面貌。清晨時段幾乎看不見那些擁擠的遊客，是只屬於西藏人的祈禱時間。

寺院外圍排滿了前來祈願的西藏人。遠道而來的朝聖者會先在大昭寺外面以順時鐘方向沿著寺院繞一圈，我也跟著人們繞了一遍八廓街。寺院裡最引人注目的是偌大的廣場，總是有許多特地前來的朝聖者虔誠地做著五體投地的大禮。入境隨俗，我也靜靜地跪坐在廣場上。虔心祈禱的他們，臉上展露著成就感和平靜，還有一種彷彿終於如願來到神的身邊而感到安心的神情。在這種氛圍下，我也不自覺的肅穆省思起自己的人生。那個當下，我感受到前所未有的平靜。

在大昭寺回想起，
那個缺少血清素的她

大清早和一群在寺院廣場上祈禱的藏人們一起靜坐著，我不經意想起出國前由我負責治療的 K 小姐。K 小姐原本有個論及婚嫁的男朋友，但是在籌備婚禮的過程中，因為嫁

妝問題而雙方意見不合，鬧得很不愉快，結果談不攏而取消婚約。後來 K 小姐辭掉工作，甚至得了憂鬱症而企圖輕生。

在憂鬱症患者的大腦裡，能夠讓人感受幸福感的腦活性物質「血清素」的數值，比一般人還要低。此外，跟從未有過自殺念頭的人比起來，因憂鬱症而試圖輕生的人，其血清素的活性程度又更低 50% 左右。憂鬱症的治療法，主要是提高腦內血清素來降低自殺的意圖，才能夠找回幸福感和對自我的尊重。而且，病人的情緒也會大大影響周圍的人。

清晨的大昭寺，可說是促進血清素分泌的寶地。如果 K 小姐也能夠來到清晨的大昭寺親自體驗，我想，她一定能夠從這些虔誠祈願的人們身上得到喜悅與滿足的感受。等旅行結束回國之後，我想建議 K 小姐，務必要在日出清晨時去一趟大昭寺。

世界上最高的天湖，
納木錯湖

來到拉薩第 3 天，身體似乎慢慢適應了這裡的高度。過了第 4 天，終於能夠毫不費力的在一天內往返據說以前曾是一片海洋的納木錯河（Namtso Lake，海拔 4,718 公尺）。出了拉薩邊境，緊接著出現眼前的是遼闊的荒漠。沿路偶爾可

與天相連的納木錯湖。

以看到邊走邊行五體投地大禮前往拉薩朝聖的人們。山坡上迎風飄揚的五色天馬旗，讓人再一次感受到身處西藏的真實感。（西藏人相信每當密密麻麻寫著佛教經文的天馬旗迎風飄揚時，佛經會隨風傳佈出去，所許的願望就能實現。）

經過 3 小時車程，翻越了海拔高達 5,170 公尺、令人呼吸困難、頭暈目眩的山巔後，眼前終於出現了如大海般遼闊的一面湖水。對於西藏人而言，這裡是守護神坐鎮的神靈之地。西藏人深信沿著湖水周圍邊走邊膜拜，是積功德的一種表現，用湖水清洗身體，能夠洗去一生的罪惡。我走近立在山坡上的天馬旗，拍下旗子在風中飄揚的樣子。雖然用肉眼看不見，但是透過相機鏡頭，彷彿能夠拍到佛經正朝向天空飛昇的樣子。海拔 7,000 公尺以上的群山環繞湖水、白雲近在湖邊，站在只有風聲在耳邊不停呼嘯的這個地方，我感受到身體和心靈的平靜。

拉薩的後巷，冬蟲夏草街

拉薩老街上有理髮廳、美容院、漢醫院、藥草市場、肉鋪等，可以窺見這裡的人們生活的樣貌。尤其是穆斯林寺院附近一整排的西藏冬蟲夏草專賣店，基於職業病，我忍不住停下來一探究竟。

冬蟲夏草是一種真菌類植物，冬蟲夏草菌的子囊孢子在冬天寄生於土裡的蝙蛾幼蟲體內吸取養分，到了夏天，菌絲從幼蟲頭頂生長冒出土壤，成了冬蟲夏草。因為具有增強免疫力、消除疲勞、改善慢性呼吸疾病等療效，最近中國的有錢人都在大量購買西藏、越南、青海產的冬蟲夏草。在韓國只能買到養殖的冬蟲夏草，但是在海拔 4 ～ 5,000 公尺的高地想要買到自然生長的冬蟲夏草可一點都不難。不過，在價格上當然是比較貴。我聽著店家介紹關於西藏產冬蟲夏草的說明，並且親自確認了一番，是一次難得的珍貴經驗。

愛吃優格「酸奶」的西藏人

　　西藏人愛吃酸奶，也常吃。藏人有多麼喜愛優格，可從每年在拉薩舉行的「雪頓節」略知一二，這是起源於 17 世紀的西藏傳統慶典，「雪」指的是酸奶，「頓」則是節慶的意思。據說是為了慶賀順利結束 3 個月閉關修練的僧侶們回到村落，並且為修練期間飲食清苦的僧侶們，端上營養豐富的酸奶作為招待。在西藏旅行的時候，每到一個地方休息我都會點一份「雪」來品嘗，真是幸福極了。我原本就喜歡吃優格，而西藏的酸奶帶給我的是超乎想像的滿足感。

　　微微酸味帶著豐富的口感，我在韓國從來沒吃過這樣的

優格。優格中豐富的乳酸菌有助於預防腸道內的細菌造成腸道老化，並且發揮整腸的作用。從這一點來說，每天攝取乳酸菌發酵乳是很好的長壽祕方。隨著年齡，體內乳酸菌會受到飲食或是藥物、壓力而減少，老年人腸道內的乳酸菌比小孩更少了 20％左右。我想，守護西藏人健康的飲食秘訣，應該就是他們經常吃、也愛吃的「雪」吧。

西藏最原始的建築風格，
Boutique Hotel

在西藏老街散步，無意間發現了帶有西藏建築風格、古色古香的精品旅館「卓瑪拉宮」（House of Shambhala）。雖然是一家只有十間客房的飯店，卻是散發出濃厚西藏氛圍的空間。正巧有一對情侶剛好退房了，於是我很幸運的有機會進房去參觀。

房間不算寬敞，但是室內佈置以色彩鮮艷的西藏傳統紋樣為主，擺設著用原木和石頭打造的西藏仿古傢俱，可感受到華麗的視覺享受。讓我忍不住歡喜地說下次來西藏一定要來這裡住宿，結果工作人員便很友善的允許我拍下室內照片。與一對從以色列來旅行的情侶聊起天，他們就住在拉薩，目前在西藏到處遊玩。「你們有在清晨的時候去過大昭

寺嗎？真的、真的很令人感動哦。」不管是那對情侶或是其他人，大家都對於這一句話深表同感。

法國當紅編舞家Maillot的芭蕾劇，三度巧遇首席舞者

　　回國的行程上，我刻意安排了從拉薩起飛，途經北京再飛往首爾的班機，為的是想在北京住一晚，以便去看看北京國家大劇院。懸吊在人工湖水上方的外觀，讓人聯想到巨大的飛碟，晚上比起白天更為迷人。

　　我在從西藏出發前，事先在網路上預約了蒙地卡羅芭蕾舞團在北京國家大劇院的票，舞碼是由團長 Jean Christophe Maillot 編排的《灰姑娘》。雖說把雙腳沾滿金粉取代刻板印象中玻璃鞋的灰姑娘很有意思，但更吸引人的果然還是飾演仙女的 Bernice Coppieters 以曼妙動作展現出奇異氛圍的舞蹈。隔年春天，我在「藝術的殿堂」露天咖啡座再次遇見了 Bernice。我上前和她打招呼，告訴她我在北京看過她的公演，詢問是否可以拍張合照，她很爽快的答應了。她告訴我，為了秋天的國立芭蕾舞團公演的編舞指導，將會在首爾停留一陣子，這一次她將擔任由 Maillot 編排的舞劇《羅密歐與茱麗葉》的首席指導。

同年秋天，在歌劇院我又遇見穿著美麗衣裳站在入口和入場觀眾打招呼的 Bernice。她認出是我，兩人對望大笑起來。不到 1 年的時間，我和 Bernice 在不同的地方三度巧遇。像這樣互相記得彼此的緣分，會不會是拜西藏和拉薩的神聖力量所賜呢？

離開過，才會重新發現自己和這個世界

　　回國之後，我立刻追蹤了達賴喇嘛的 Twitter。每天關注他的文章之餘，腦海裡不時想起在拉薩的某天早上，我曾在他的夏宮「羅布林卡」悠閒散步。直到現在，還是會偶爾拿出當時坐在布達拉宮階梯上，一邊俯瞰著雲朵飄掛在對面山頭，一邊寫下的旅行筆記。

　　「旅行的目的是掘一個心靈的天井。旅行途中，心靈會湧出名為感性的泉水。當感性之水充滿心靈，感受眼前的世界是無比美好，這是幸福人生的開端。不用擔心會迷路，只管出發。只有迷路的人才會懂得重新開始。走吧，這樣才能夠重新發現自己和這個世界。」

　　　祈願者的聖地，大昭寺的清晨令人留戀不已！

| 高山症的治療與預防 |

【高山症相關資訊】

多喝水可有效緩解不適。很多人來到高山地帶，會發生消化不良或是便秘、腹瀉的情況，這些是高山症的症狀之一。出發前最好準備一些便秘、止瀉、整腸等基本用藥。

此外，前往高山地帶有可能因高山症而需要前往醫院就醫，因此出發前務必記得投保旅遊險。到醫院就醫後，記得索取醫師診斷書、收據等，回國後才能向保險公司申請醫療費用。

如果在高山地區飲酒，第 2 天可能會因高山症而加重身體不適，吸菸也會讓身體更難受。

另外，在高山地區洗髮或是洗澡，也可能加重高山症。尤其是用過熱的水洗澡會加速心臟的脈動，因此建議避免熱水浴。

【高山症用藥】

- 紅景天：高山植物的一種，能夠發揮有助於缺氧症狀的抵抗力，並增強免疫力。連續服用 2 週才能發揮效果，因此建議出發之前就開始服用，有錠狀和液體可供選擇。

- 高原寧：到了海拔 2,000 公尺的地區再服用就可以了。

- Diamox：利尿劑的一種，在韓國必須有醫師處方箋才能購買，在中國則是一般藥房就能買到。前往海拔 2,500 公尺以上的場所，前一天再服用即可，1 日 2 回、早晚 1 粒。服用後多數人不會有負作用，少數人可能會有起疹子或是手腳發麻的症狀。有助於初期的高山症，不建議連續服用 4 至 5 天以上。

- Viagra：男女通用，能夠緩解高山症，一次服用 25 毫克即可。

 旅行手札

北京

北京～拉薩
青藏列車

西藏
自治區
拉薩•

| 旅遊行程 |

第 1 天：仁川→北京，於北京西站搭乘青藏列車（20：30）

第 2 天：「青藏列車第 1 天」西安→蘭州→西寧

第 3 天：「青藏列車第 2 天」抵達拉薩（18：30）

第 4 天：拉薩

第 5 天：拉薩

第 6 天：納木錯湖

第 7 天：清晨大昭寺，拉薩→北京（飛機）

第 8 天：到歌劇院觀賞芭蕾劇《灰姑娘》

第 9 天：北京→仁川（飛機）

| 相關電影 |

● 《火線大逃亡》／導演：尚－賈克‧阿諾／ 1997 年上映：改編自奧地利登
   山家海因里希‧哈勒（Heinrich Harrer）的自傳。

● 《達賴的一生》（Kundun）／導演：馬丁‧史柯西斯／ 1997 年上映：描述
   第 14 世達賴喇嘛的幼年開始一直到逃離西藏、流亡至印度顛沛流離的故
   事。由於內容涉及敏感的西藏問題，因此這部電影在中國遭到禁播。

| 相關書籍 |

● 《西藏的故事：與達賴喇嘛談西藏歷史》（The Story of Tibet: Conversation with
   the Dalai Lama）作者：湯瑪斯‧賴爾德（Thomas Laird）：西藏專家，內容敘
   述他與達賴喇嘛 3 年來的談話。

● 《與達賴喇嘛生活 20 年》（달라이 라마와 함께 지낸 20 년）作者：青田。

03

⋮

與天相連的喜馬拉雅山徒步之旅

尼泊爾

自我勉勵 | Nepal

屬於我自己的夢想，
喜馬拉雅山健行

　　時常聽父親提起，他在 1980 年代到喜馬拉雅山健行時，所見到的雪山、驢子、犛牛、高山村落人們生活的故事。於是乎我也不自覺的夢想著，有一天能夠徒步登上喜馬拉雅山。

　　尼泊爾自 1814 年開始被英國殖民，曾被英國 BBC 電視台選為「一生必訪的國家」，除了是印度河文明的發源地，更是充滿了關於喜馬拉雅山傳說的神秘之地，也讓我一直都想走訪一次。

　　最近，大韓航空增設了飛往尼泊爾的直航班機，因此韓國觀光團大增。尤其是安娜普納基地營（Annapurna Base

Camp，海拔 4,150 公尺）路線更是熱門、普恩山（Poon Hill，海拔 3,210 公尺）健行路線則是滿滿的中國遊客，據說到了那裡會讓人以為自己置身在韓國或中國。

聽到這些小道消息後，我心想，如果要好好觀賞喜馬拉雅山，最好是規劃外圍路線，或是到旅客較少的卓姆索姆（Jomsom）、藍塘（Langtang）、木斯塘（Mustang）這些山區。唯有這樣才能夠避開一整團遊客以及隨團的搬運工和導遊，甚至有些觀光團還會帶著廚師，專門帶上山準備韓國料理。我希望能好好享受置身喜馬拉雅山的樂趣。

位於加德滿都塔美區的「Villa Everest」

抵達特瑞布文（Tribhuvan）國際機場後，我搭著計程車進入加德滿都市區，我看向窗外，街上充滿老舊汽車、擁擠人群、漫天灰塵、行走的牛隻以及混雜著震天價響的警笛聲，不管大街小巷都顯得十分雜亂。我造訪尼泊爾的時間點，剛好遇上了國王、王妃和王子遭暗殺身亡的不幸事件，全國上下處於戒嚴狀態，而且共產黨背景的反政府軍像游擊隊似的埋伏在深山四處。

在國家局勢如此混亂的狀況下，我以為這個時候來玩的遊客會有危險，所幸從飯店櫃台得知，不用擔心安全上的問

題。櫃台人員告訴我，尼泊爾的觀光收入非常可觀，所以幾乎不曾發生過直接危害外國人的情形。走在路上偶爾可見到荷槍實彈的軍人，看來似乎隨時防備著反叛軍的攻擊，也或者是國王的隨扈，因此讓我稍微放心了些。

到喜馬拉雅山健行的外國遊客，必定會在塔美區（Thamel）進行事前準備或健行後的休息。首先，我拜訪了出身於東國大學登山社的知名登山家朴英碩生前經營的「Villa Everest」餐廳。尼泊爾籍的管理人用韓文熱情招待我，這裡曾經是喜馬拉雅山遠征隊的前哨基地，現在也依然從事各種相關的行政業務，提供具有一定水準的住宿服務以及餐飲服務。出國旅行我通常不會特地去找韓國餐廳或是住宿地點，但在塔美街，我可以感受到過去無數的遠征隊駐紮過的歷史痕跡，就像回到故鄉一樣，讓我感到安心。

2011 年，朴英碩帶隊攀登安娜普納峰南壁時不幸身亡後，便由他的尼泊爾籍友人接手經營該餐廳。

尼泊爾的瓦拉納西，帕舒帕蒂納特廟

我到住宿處附近的一家旅行社辦理健行許可證，對方告訴我需要等上幾個小時才能辦妥。趁著這多出來的半天空

檔，我決定攔一輛人力車到帕舒帕蒂納特廟（Pashupatinath）看看。就如同印度恆河邊的「瓦拉納西」既是火葬場也是聖地，那麼，位於尼泊爾巴格馬蒂河邊的帕舒帕蒂納特廟內的「Arya Chat」火葬場也可與之齊名。

對尼泊爾人而言，這裡是往生後的歸宿，他們更深信在此火化後，能夠擺脫輪迴而獲得救贖，是個至高無上的聖地。

當我走進寺院時，碰巧遇上一場火葬儀式。大體被送到位在河邊開放性空間的火葬場，火化前先用河水清洗大體的額頭，然後進行禱告儀式，接著讓往生者含住米粒，作為黃泉路上的過路費。最後把大體放上堆高的木柴上後點火，在熊熊大火之中化成灰燼。河邊的火葬場一隅就像這樣，不時進行著火化儀式，讓骨灰隨著河水漂流而去。而一些孩子會在河的下游用木棍打撈往生者的遺物或是財物去變賣，還有一些猴子跟野狗在遺屬腳邊穿梭，試圖討食物吃。

我站在這象徵死亡的場所好一會兒，出神地望著生與死交錯的微妙景象。生與死看似不相干，卻有著某種連繫啊，這樣的想法閃過我的腦海。

在尼泊爾隨處可見的「智慧之眼」

在尼泊爾，無論走到哪裡都能見到額頭中央畫著「智慧

之眼」的人。智慧之眼是指看穿萬物的佛陀之眼，意指覺醒以及從一切煩惱解脫的境界，它能夠看穿世間萬物。智慧之眼有很多不同的稱呼，諸如：第三隻眼、靈眼、洞察之眼、印堂、第六脈輪、天眼以及在現代醫學上的「大腦松果體」，據說具有能夠看穿人心和洞察事物的本質。各種宗教的聖人和聖子不同於一般人，他們是透過「智慧之眼」來解讀世間萬象。

身處在尼泊爾，不管是石雕佛像的臉，還是路邊攤老闆娘背上揹著的孩子，額頭上都可見到直接用墨水描繪的智慧之眼。我是在尼泊爾的佛教聖地「斯瓦揚布納特寺」（Swayambhunath Temple）第一次見到智慧之眼。因為有許多猴子聚集於此，所以又稱「Monkey Temple」。此寺建於2千年前，是尼泊爾最古老的寺廟。也許是這個原因吧，來這裡朝聖的尼泊爾佛教徒人數僅次於佛陀的誕生地藍毗尼（Lumbini）。我的視線從寺院最高處、建於圓頂構造的壯麗金色石塔壁面上的第三隻眼，朝瞭望台下方看過去，看見的是在激烈競爭中疲於生存的加德滿都市中心。

世界上最大的石塔「博拿佛塔」（流亡尼泊爾的西藏人信奉的寺院，尼泊爾最高的舍利塔）四面都畫著智慧之眼。石塔高聳雄偉，大大的智慧之眼高掛在上頭。我仰頭靜靜看著石塔上的智慧之眼，它彷彿也在靜靜地凝視著我。在傍晚的布達納特寺，可以看到很多西藏人緩慢地繞著石塔誠心祈願。

我在塔美區發現一家機器刺繡的店，專門幫客人在衣服上繡出客製化的圖紋。我走進店裡，請店家幫我在一件連帽T恤後面繡上智慧之眼，之後我先離開去吃晚餐。稍後回到店裡，取回繡好的衣服。天哪，世上會有比這個更棒的紀念品嗎？

從尼泊爾回國之後，我時常把那件繡上「智慧之眼」的衣服拿出來穿。每當我穿上這件衣服，會不自覺想起洞察世間的心靈之眼。這是一件能讓我檢視自己有否努力地用清醒的靈魂和純粹的心靈看世界、是否努力覺醒的紀念品。

可以遇見活女神的庫瑪麗之家

雖然「庫瑪麗」（Kumari，活女神）這種風俗經常被批判是虐待兒童，但對尼泊爾人而言，庫瑪麗是神聖的傳統。庫瑪麗被視為是「塔蕾珠」（Taleju）女神借完美無瑕的女童下凡的化身，必須經過嚴苛的挑選才能上任。成為庫瑪麗的女童，只能在舉行宗教儀式時，才能到寺院外面，其他時間一律禁止外出。即便是國王，在庫瑪麗面前也必須下跪，以示對女神的崇敬。一旦初經來潮，就必須卸任，回歸一般少女身分。

從小就受到萬人景仰，走到哪裡都被人小心翼翼的捧

著，一旦卸任便一夕之間從女神淪為凡人的可憐命運呀。

　　要當上庫瑪麗，在篩選血統和身體條件上非常嚴苛，尤其是血統。父親必須是供奉佛教的釋迦族，而母親必須是印度教徒，因此可以說庫瑪麗是兩個宗教之間和諧的象徵。我想，只要有庫瑪麗存在的一天，尼泊爾的佛教和印度教應該是最能夠和平共存的兩個教派吧。

　　聽說只要被庫瑪麗看一眼就會有幸運降臨，也傳說庫瑪麗一天大概會有 2 次走到窗邊，讓世人看看她，於是我決定到庫瑪麗居住的地方一探究竟。滿懷著期待的我，心想就算是遠遠看一眼也好，或許會很幸運的見到她。興沖沖前往位於杜兒巴廣場（Durbar Square）的木造寺院，結果，幸運並沒有真的降臨在我的身上。

準備前進安娜普納峰

　　終於，我的手裡握著在加德滿都申請的入山許可證，搭上國內線前往這次健行的起點，也是尼泊爾的第二大城市──博克拉（Pokhara）。樸實的輕航機上只有 12 個成員，空間窄小到可以透過薄薄的窗簾直接看到駕駛艙內的情形。雖然空間小，但還是有空姐為大家遞上飲料，更重要的是，從右邊窗戶看出去的風景才是重頭戲。喜馬拉雅山脈彷彿是

寺院門口一定都會有幾個像這樣的修行者。

一望無際的華麗屏風就在我眼前展開。

我在博克拉市區訂了一間房，然後和當地旅行社介紹的搬運工 Ram 打過招呼。Ram 是一個 20 出頭的年輕人，夢想將來成為一名導遊，他的英文能力很好，做起事來也很機靈，應該不難實踐夢想。行李搬運工和導遊這兩種職業，不論是身分、工作內容或酬勞方面都有著相當懸殊的差異。搬運工必須自己一人搬運 20 ～ 40 公斤的行李，一天最多也只能賺到 10 塊美金左右的酬勞。相反的，導遊非但不需要扛行李，還必須規劃全程的旅遊路線，並且負責登山路途的安全，因此酬勞是搬運工的 2 倍。所以，這裡的搬運工都希望能夠早日升格成為導遊。

出發去健行的前一天，我把租借來的睡袋和登山鞋、登山裝備等一一收進背囊裡。第 2 天一大早就得出發，其實應該要早點睡覺，但是興奮和既期待又有點緊張的心情讓我輾轉難眠，難得的度過了一個失眠夜晚。

神的世界，
踏上安娜普納峰基地營

翌日一早醒來，天空蔚藍清澈，氣候相當適合到高山健行，輕輕吹拂的微風也令人心情舒暢。我和 Ram 攬了計程

車前往健行的起點——斐迪（Phedi）。

　　我跟在 Ram 身後走了一段又一段長長的山路。經過一幢幢精緻華美的房子和聚落，也走過寧靜祥和的大片平原，我們兩人越來越往喜馬拉雅群山的深處走去。步行了 2、3 小時，抵達第 1 天的住宿地點蘭德倫（Landruk）民宿。

　　民宿雖然提供的是太陽能電器，不過由於地處深山，電力相當珍貴。晚餐過後，我跟其他遊客一起聚在餐廳裡唯一有電燈的角落聊天。大家都各自帶了搬運工，在不同的時間點來到這裡，彼此同吃一鍋飯，就像是一家人一樣。我們互相討論彼此的行程，不時提出建議，也一起分享相關的資訊，在友善又溫馨的氣氛當中開心地聊天。太陽下山之後，溫度也驟然下降，即便用棉被裹著身體，還是冷得直發抖。因為不好意思繼續消耗民宿裡珍貴的電源，但在簡陋的空間裡實在也找不到什麼有趣的事情可做，於是雖然還不到 8 點鐘，大家都只好各自鑽進自己的睡袋睡覺去了。屋外寒風刺骨，待在屋裡唯一能做的事，除了睡覺，看來也沒有其他更有意義的事情了。

　　第 2 天早上吃了早餐就匆忙出發，遠方的魚尾峰頂上不尋常的氣候抓住了我的視線。我氣喘吁吁地踩著匆忙步伐，抵達裘羅（Chhomrong），在那裡品嘗了尼泊爾的傳統食物「Dalbat」（尼泊爾式套餐，一個大盤子裡有飯和湯、肉類料理和咖哩以及蔬菜。尼泊爾語的「Dal」是指湯，「bat」

上：前往健行的起點，把行李放在驢背上前進山中聚落。

下：民宿屋簷下掛著一串串的玉米，對於高山地區的人們而言是相當珍貴的食材。

是指飯）。我學著身旁的 Ram，直接用手抓一點飯，浸過湯汁再捏一捏後送進嘴裡吃，這是尼泊爾式的用餐方式，我發現這樣吃，好像比用餐具吃飯還要美味。

我們到了接近傍晚的時候才抵達希奴瓦（Sinuwa）。剛好遇到正要下山的幾個遊客，於是我一邊吃晚餐一邊向他們打探情況。根據他們的說法，Deorali（海拔 3,200 公尺）的地勢會越來越高，不容易徒步上山，而且整座山都覆蓋了白雪，最好穿上登山鞋，我不免有些擔心起來。我實在是沒有信心徒步走過積雪的山路。

當我忙著跟其他遊客交流情報的時候，晚餐後就不見人影的 Ram 帶著一個我不認識的搬運工來找我。我詢問了一下症狀，除了嚴重的嘔吐、肚子也疼得厲害。Ram 應該是因為記得午餐時我隨口聊起我的職業是醫師，所以才會帶他的朋友來找我。我熟練的診斷了他的症狀，初步看起來他應該是早餐吃得太急，導致消化不良而全身無力，他說整天都無法進食。看這個情況，我想他應該很難帶著遊客繼續達成原定的行程。來到這個偏遠的深山裡，還好遇到了我這個從韓國來的醫師，對他來說真是不幸中的大幸。我一面開玩笑的說，說不定庫瑪麗有看了他一眼，他才會幸運的遇到我，一面把我自己隨身攜帶備用的針灸包拿出來為他進行針灸，另外給了他幾個藥丸來紓緩不舒服的症狀。不一會兒，病人的狀況好轉了。在這個前不著村、後不著店的深山，及時展現

救人價值的「漢方療法」真是太棒了！

又過了一天。原本希望能夠一早就出發，沒料到前晚被我治好的那位患者，在這個小聚落到處傳揚這件事，於是一群病人大清早就來到民宿的餐廳等待我的出現。才一個晚上，這件事情就傳遍整個村落，住在附近的居民和遊客、甚至連導遊和搬運工全都來找我醫治，我不得不應對這樣的突發事件。

他們說從這座深山要到有醫院的城市，得走上 1 天時間才能下得了山，所以除非很緊急，否則實在很難就醫。結果，我只好為這 6、7 個向我求救的病人們進行針灸治療，最後好不容易才吃到早餐，起身出發。儘管這件事情完全出乎我的意料之外，我卻反而感謝他們讓我有機會幫助別人。

讚嘆魚尾峰之美，
踏上神的領域

從民宿出發，默默徒步行走了 2 小時，在冬天晴朗無雲的天邊，見到聳立雲霄的魚尾峰，那瞬間我整個人都振奮了起來。從行走間感到微微呼吸困難的情況來看，我們應該很接近安娜普納峰了。我靜靜走在山路上，不時有幾個搬運工從我的身旁經過。為了把比自己還要重、還要大的行李扛在

身上，把行李綁在肩膀上還嫌不夠，連額頭上也綁著繩子的他們，視線看著地面沉默的前進。我想，只要有他們在的一天，喜馬拉雅山的脈搏就不會停下來，永續跳動。因為即使是專業的登山家，少了他們也絕對無法征服喜馬拉雅山。

開始感到踏出去的每一步都越來越艱難、覺得再也無法繼續向前的時候，傍晚時分好不容易抵達山中的民宿迪拉里（Deaurali）。

這個夜晚感覺起來特別寒冷，儘管套上了所有衣服、把睡袋裹在身上，還是冷得叫人直打哆嗦。我只好鑽進另外鋪在木床上的睡袋裡，從牆上縫隙傳來的風聲，聽來格外狂烈。我度過一個漫長的失眠夜晚，捱到清晨才稍微小睡了一下。我做了個奢侈的夢，夢見自己在首爾的家裡，躺在鋪著暖墊的房裡，蓋著一件薄被正呼呼大睡……。

靠自己的力量到終點

隔天早上，離開民宿的我們看見了完全不同的風景。難道是我們已經越過樹林界限了嗎？眼前是草原、原野、積雪的路，以及頂著厚厚白雪靜靜聳立的雪山。由於大部份都是積雪的山路，即使是腳上穿著有鞋釘的登山鞋，還是沒有辦法加快腳步。

越過魚尾峰基地營後，我開始出現高山症症狀，感到頭痛欲裂、呼吸困難，也讓我的腳步漸漸慢了下來。雖然嚴重的高山症令人難受，但我還是不放棄，邊走邊鼓勵自己，不知不覺雙腳已踏上平坦的小丘陵。我看了看四周，眼前出現了覆蓋著厚厚白雪的山峰。前面是安娜普納 1 號峰（海拔8,091 公尺），左手邊是休楚里峰（Hiunchuli，海拔 6,441 公尺），而我的身後則是魚尾峰，放眼望去十分壯觀。而且，從萬年雪峰頂端透出來的金色日出，令人恍如身處仙境。由於上山花了太多時間，我們沒能在安娜普納峰的基地營看日出，所幸天氣不錯，至少在上山途中，見到了美麗的日出，令人興奮得心跳加快，連高山症的痛苦也跟著消散了。

終於來到最終目的地──安娜普納峰基地營。首先，我們在追悼罹難登山家的慰靈塔前默哀致意。那瞬間，空氣、風以及天馬旗彷彿都在亡靈祈福。默哀之後隨性的四處走走看看，我用雙眼和心靈把這裡的風景深深烙印在腦海裡。

健行者的前哨站與憩息地，
博克拉

博克拉是一個四面環山、小巧樸實的城市，以喜馬拉雅山峰作為與外界的屏障，境內的費娃湖（Phewa Tal）湖面倒

映著周圍雪山的影子。此外，它也為前往安娜普納山的遊客帶來滿懷期待的熱情、為結束健行而返程的人們提供一個休憩之所。博客拉被列為喜馬拉雅山健行路線中最美麗的50個景點之一，對於健行者而言意味著前哨站和休憩處。

走在樸實的市區街頭，不時可見到結束健行後悠閒逛街的登山客。

早晚都能眺望遠方覆蓋著靄靄白雪的魚尾峰，悠閒度日，是這座小城的魅力所在。

登上安娜普納峰，就能得到自我肯定的力量？

我在出國飛往尼泊爾旅行之前，正在為一個女高中生進行治療。她因為拗不過母親強烈的要求而就讀專攻藝術學科的高中，但是無論如何都無法適應，過著痛苦不堪的高中生活。校園霸凌、成績退步、甚至企圖自殺……，她來找我就醫的時候已經開始有憂鬱症的跡象。令人惋惜的是，正值青春年華的她，卻感受不到任何求生的欲望。

假如她每天早晨都能見到費娃湖面上魚尾峰的倒影，又或是能夠走進喜馬拉雅群山，看看周圍的雪山，費力喘著氣一步步向上爬，那麼，我想她應該能夠忘卻那些周圍令她思

上：在費娃湖遇見小船上的女孩。

下：從費娃湖上望見的魚尾峰。

緒混亂的人，不由得感謝上天讓自己活在如此美麗的世界。她也許能在這裡發現自己的優點，説不定憂鬱症也會因此不藥而癒。

人稱「眾神居所」的喜馬拉雅山，被早晨的日出與傍晚的夕陽點亮山頭，彷若正熊熊燃燒著。夜裡仰望著滿天的星斗，看再久都不會覺得厭膩。閃著潔白光芒的喜馬拉雅山，永遠有著千變萬化的表情，在每一個山頭迎接前來朝聖的遊客，彷彿早已靜候多時，等待我們的到來。

恍如夢境般甜美的 6 天健行之旅，我收穫到了耐心、自信以及大大的成就感。每當眼前出現爬不完的階梯和連綿沒有盡頭的山谷、丘陵，讓我感到身心俱疲的時候，我便立刻抬頭望向聳立的雪山自我勉勵。我會永遠記住這個如詩如畫、讓我一邊前進一邊鼓勵自己繼續勇往直前的地方。

為了抵達終點，唯一的辦法就是靠著雙腳一步一步走，
而且不斷鼓勵自己勇往直前。

｜喜馬拉雅山上的石蜜｜

「石清蜂蜜」（Wild Honey）是指蜜蜂在深山峭壁上築蜂巢，從中取得的蜂蜜。不論中外，蜂蜜都被視為是長生不老仙丹的自然食品和健康食品，而深受人們喜愛。富含維生素、蛋白質、礦物質、芳香性物質、氨基酸等營養成分和酵素，有消除疲勞、預防老化、抗癌、養顏美容等功效。

石清也是一種漢方藥材，重病耗盡津液而缺乏精力、嚴重的哮喘導致咳嗽不止、孕婦難產、嚴重的皮膚問題等都會以石清作為處方。

最頂級的石清是產於喜馬拉雅山的石清，嚴格來說是指產於尼泊爾與西藏邊境的石清。主要是由名為黑大蜜蜂（Apis Laboriosa）的野蜂所採集的蜂蜜，這種野蜂的蜂窩通常會建構在極高的峭壁上。採集時必須像雜耍演員那樣從山頂上攀附著繩子以倒吊的姿勢垂降下來，很容易發生墜落意外或是遭到兇猛黑大蜜蜂的攻擊而危及性命。如此採集不易的石清被視為是相當珍貴的藥材。採集石清之前必須先取得政府的許可，現在已經有專門從事這種工作的業者。尼泊爾石清在韓國被稱為喜馬拉雅石清，在市場上以高價流通。

喜馬拉雅石清蜂蜜

 旅行手札

安娜普納峰
博克拉　**尼泊爾**
　　　　加德滿都

| 旅遊行程 |

第 1 天：仁川→加德滿都

第 2 天：加德滿都→塔美街、帕舒帕蒂納特廟、布達納特石塔、庫瑪麗之家

第 3 天：加德滿都→博克拉（健行的事前準備）

第 4 天：[健行第 1 天] 博克拉→斐迪／斐迪→蘭德倫

第 5 天：[健行第 2 天] 蘭德倫→裴羅→希努瓦

第 6 天：[健行第 3 天] 希努瓦→喜馬拉雅飯店→迪拉里

第 7 天：[健行第 4 天] 迪拉里→魚尾峰基地營→安娜普納峰基地營→魚尾峰基地營

第 8 天：[健行第 5 天] 魚尾峰基地營→裴羅

第 9 天：[健行第 6 天] 裴羅→斐迪／斐迪→博克拉

第十天：博克拉→加德滿都／加德滿都→仁川

| 適合旅行的時機 |

雨季過後的 10 ～ 11 月及 4 ～ 5 月。這時候上山健行可清楚欣賞到雪山的風貌，氣溫也很適合步行（白天 20 度，晚上 5 度左右，海拔 2,000 公尺）。不適合在 6 月中旬～ 10 月初前往。一般來說 6 ～ 8 月是豪雨期間，8 ～ 10 月初是雨季，幾乎天天下雨，而且常見到喜歡濕氣的水蛭出沒。

| 申請尼泊爾簽證 |（以下資訊來自中華民國外交部領事事務局官網）

- 國人赴尼泊爾旅遊時可於加德滿都機場辦理落地簽證，須繳交 25 美元及 1 張照片。

- 尼泊爾入境及出境之安檢非常嚴格徹底，國人赴該國旅遊請留意，勿攜帶違禁品。

- 尼泊爾為外匯管制嚴格之國家，攜帶外幣入境逾 2000 美元則須申報。倘未申報，則所攜之外幣將遭沒收，並處以所攜外幣同額罰款，並限制出境。

- 入境尼泊爾時，不可攜帶面額 1000 之印度盧比，僅可使用面額 500 之印度盧比。

04
·
·
·
·
·

透過冥想，讓自己脫胎換骨

印度・普那

The miraculous healing journeys of Ian

放空心靈 | Pune, India

奧修、甘地、易研卡都選擇了普那

印度西部的普那（Pune）有著茂密的樹林，四季氣候溫和；被稱為冥想、瑜伽、自然療法的搖籃，我從很久以前就想到這裡來一趟。座落於市中心的「奧修國際靜心村」（Osho Commnue International）是世界聞名的印度作家暨哲學家——奧修大師（Osho Rajneesh，1931～1990）在1974年成立的冥想中心。如今，這家冥想中心可說是在印度提供250萬個就業機會的一家大型企業。

性靈大師奧修在1970年中期成立了「靜心村」，以佛陀、耶穌、莊子、畢德哥拉斯、尼采、紀伯倫等思想家的論述為基礎舉辦無數講座，足跡行遍世界各地，為年輕人開啟

一個嶄新的意識革命與心靈覺悟的世界。

　　他所倡導的思想有著正反兩極的評價，被稱為「繼耶穌之後，最危險的人物」、「20世紀最崇高的性靈大師」等等。他宣揚生命的真理以及覺察存在本質的洞察力，吸引全世界無數追隨者。在美國造成廣大的迴響後回到印度，於1990年在普那逝世。

　　儘管奧修大師已經不在人世，我無論如何都希望能夠走進他親手打造的地方感受一下，哪怕只是短短一週也好，這就是我一直渴望來普那看看的原因。說來可惜，自從奧修大師死後，這裡便更名為靜心村。概念上與其說是冥想修練的場所，已經變成是一個讓人透過冥想放鬆身心的度假村了。大學時代讀的那些心理大師著作，引領我了解到冥想是到達生命最高境界的管道。

　　在普那，還有其他如奧修靜心村一樣世界聞名的地方，那就是一生致力推廣自然療法的甘地在1946年成立的「自然療法中心」（Nature Cure Ashram），以及16世紀開始潛心研修瑜伽，並成為世界知名瑜伽大師的易研卡傳授獨到瑜伽技法的「易研卡瑜珈中心」（Ramamani Iyengar Memorial Yoga Institute）。

　　世界各地苦於疑難雜症的人們都來朝聖的「易研卡瑜珈中心」，座落於普那往索拉普（Solapur）方向約30公里的地方。我去過普那2次，但因為過於沉醉在靜心村，以至於

始終都沒能到自然療法中心看看。

　　據說在自然療法中心透過日光浴、礦泥浴、蔬食、斷食等治療課程就能治病，怎麼說我都應該再去普那1、2次才行。易研卡瑜伽中心則是位在距離市區不到20分鐘車程的街上，可以搭乘當地的計程車Auto Rickshaw（以小型引擎驅動的三輪車）前往，於是便去參觀了。

窺見印度的過去與未來的城市──普那

　　我想，奧修、甘地、易研卡這些大師之所以會選擇普那作為他們宣揚自然療法和修煉瑜伽的場所必定有各種因素。

　　首先，應該是因為普那的地形和氣候。普那距離印度的經濟首都孟買大約只有200公里，故交通便利，地處海拔700公尺的高原位置，氣候冬暖夏涼，從英國殖民時期開始便作為英國人的度假聖地而受到喜愛，具有先天的優勢。我在2月份前往，雖說早晚還是應該準備外套和襪子備用，但還不至於感到寒冷，這裡的9月也不會感到悶熱。

　　其次，應該是普那充足的人力資源。普那市內設有印度首屈一指的普那大學（Pune University，1948年創立）以及佛格森學院（Fergusson College，1884年創校），是印度數一數二的教育城市。印度首任總理賈瓦哈拉爾‧尼赫魯曾經

將這兩所大學喻為「印度的牛津大學和劍橋大學」，尤其普那大學以被視為梵語學的重鎮為傲。

普那大學校長賈達夫（Narendra Jadhav）出身自「達利特」種性（Dalit，印度最下等階層），我拜讀了他撰述有關賤民生活以及抗爭的著作《被遺棄的人們》（*Untouchables*，書名暫譯）後，對我來說，即便不是專程為了奧修靜心村，也一定要去一次普那。

普那是個具有未來展望的地方。普那的馬哈拉施特拉邦（Maharashtra）是印度基本建設最為優秀的地區，普那也是印度的資訊科技產業中心。此外，由於容易取得優秀的人力，因此包括印度最大的車商馬辛卓集團（Mahindra Group）在內，通用汽車、福斯、塔塔汽車、飛雅特汽車、賓士、福特等世界知名的車商多達 7 家都在這裡設廠，可說是印度汽車產業的新興據點。

靈修之父奧修大師在普那設立冥想中心之初，想必也曾考量過種種環境條件吧。相對於新德里或孟買的雜亂和噪音，普那給人整潔和安靜的印象，是一個相當特別的地方。三輪車都是按表收費，在街上也極少見到街友。從很久以前普那就有很多的國外觀光客，所以當地居民對於外國人的態度也都十分友善。

來到普那的第1天

　　前往奧修國際靜心村的路程還算順利。搭乘國際線抵達孟買之後，轉搭國內線航班飛行約 40 分鐘便抵達普那。接著，坐上位在靜心村正門的飯店接駁車，15 分鐘左右就到達目的地了。

　　2 月的普那，天氣有點像韓國的初秋，早晚涼爽舒適。舉目四周都是來自世界各地的遊客，整個城市充滿了朝氣。9 月時常有雷雨，因此靜心村的戶外餐廳經常不予開放，來這裡玩的人寥寥可數，冷清得甚至有些無聊。不過，既然我是以冥想為目的前來，對我而言是什麼季節都無所謂。因為，人潮熱鬧的時候可以感受大家的熱情，而人影稀疏的時候，就是我獨自感受平靜的時候。

　　抵達普那的第一天主要是找飯店入住，以及到靜心村辦理登記。第一個登記者在第 2 天領取出入證之後便可自由進出設施，其餘的人則是必須等到辦理登記的當天中午過後才能進入。

　　入住靜心村的民宿可自由使用為住客準備的招待所和公寓。住在裡面完全不用擔心吃住問題，所以根本不需要到外面去。雖然很便利，但是沒什麼機會與外界接觸倒是一個小缺點。於是，我在靜心村正門前面幾家飯店當中選了一家附

近有很多餐廳、可體驗阿育吠陀（Ayurveda，印度正統醫學）並且方便搭三輪車的飯店。

　　靜心村的出入登記是要到中心的櫃台辦理，有親切的志工會提供協助。在志工的協助下把姓名、住址、職業、申請理由等詳細的內容輸入電腦裡，還要接受血液檢查。血液檢查比我想像的還要簡單快速。用針扎一下手指頭，把血液沾在試劑上面，工作人員告訴我主要是檢查有沒有愛滋。我想，我可以理解辦理登記時為什麼要做血液檢查。奧修大師不但在著作中提到，性是另一種達到冥想的方式，更在世界各地公開演講。其實從奧修大師的著作中不難了解到，除了性，事實上人類所有的行為都可以是達到冥想的管道。不論是不是要實踐性的冥想，想要進入靜心村就免不了要配合血液檢查。

創新冥想的發源地，
奧修國際靜心村

　　在靜心村裡頭，身上不需要帶現金。不論是食物還是購物，都是使用兌換券。概略估計自己一天可能需要多少兌換券，早上先買好帶在身上，一天下來花了多少錢就拿兌換券來抵用。

奧修靜心村的入口。穿著奧修冥想服「紅袍」的男女。

領到兌換券之後，我買的第一個物品便是在服裝店買的紅袍（Maroon robe，靈修者穿的紅色袍子）。

靜心村規定未穿著紅袍不得進入，我只好趕緊找地方購買。還好，一套紅袍大約只要 7 千韓圜左右（約台幣 210 元）。再加上冥想時需要的坐墊、禦寒用的襪子、在冷氣房用的披肩，總共也花不到 2 萬韓圜（約台幣 600 元），實在很划算。準備好了這些，我在靜心村的 1 週就不愁穿了！

只消在寬鬆的紅袍口袋裡帶一張兌換券，手上再拎一個坐墊，整天在裡面走來走去，這種感覺實在是輕鬆極了。在這裡不需要隨身攜帶手機、錢包，也不需要書本。

從早上 6 點到晚上 9 點可以去參加各種冥想課程來消磨時間，如果整天上冥想課感到無聊的話，也可以回房間盡情睡到自然醒，然後再去上課。另外，可以到戶外庭院的自助餐廳用餐，或是悠閒躺在泳池邊的躺椅上看書（靜心村裡面有戶外泳池），再不然還可以和來自世界各地的遊客聊天。

我在韓國平時也會透過各種管道去參加冥想和參禪，很喜歡藉由這種方式來紓解用腦過度的疲勞。一直以來我的冥想方式是比較類似佛家的參禪，藉著坐禪和腹部呼吸，靜下來專注於內我的靜態冥想，相反的，奧修冥想的特色則是充滿能量和活力。

感受自由與寧靜的度假村時光

清晨 6 點，我前往靜心村內最大的建築物「禮堂」（大理石地板、金字塔形天花板的巨大禮堂位於靜心村的中心位置）參與「動態靜心」（Dynamic Meditation），冥想的方式讓我感到有些困惑。開始的前 10 分鐘，我們用鼻子激烈而急促的呼吸，然後大叫爆發出來，躺在地上翻滾、暴跳如雷、大哭、大吼、跳舞、不停跺腳。當大家都近乎精疲力盡之際，要求我們閉上雙眼，盡情手舞足蹈來慶賀。看不到別人、也不需要在意別人會怎麼看我。無限的自由，這裡有一種我可以什麼都不做、什麼都辦得到的自由。

除此之外，還有讓人感受到自由和寧靜的亢達里尼靜心（Kundalini Meditation）、專注於呼吸和腳步的「味帕沙那靜心」（Vipassana Meditation）、邊哼唱邊冥想的西藏冥想法「那達布拉瑪靜心」（Nadabrahma Meditation）、可以盡情跳舞的「那塔拉吉靜心」（Nataraj Meditation）、跟著查克拉控制力道的能量中心呼吸靜心（Chakra Breathing Meditation）等，跟著講師的指示進行這些冥想課程的過程，你會發現一天的時間過的飛快。

尤其是每天傍晚 6 點 40 分開始，大家換上白袍聚集在禮堂進行晚間會議，象徵著一天的結尾是最重要的冥想課

程。傍晚時分穿著白袍的善男信女沿著橫跨池塘中間的步道走進禮堂的樣子，有一種好像在進行宗教儀式的莊嚴肅穆。

　　晚間聚會結束的 9 點半左右，大部分正規的冥想課程都已經結束，中央舞台每晚都有各種精彩的表演。節目主要是由靜心村裡面的志工或是冥想修煉者來負責。觀賞這些表演節目時，不需要穿紅袍，可以穿便服，結束一整天的日課後可以放鬆一下。舞會、傳統樂器的表演結束後，不知不覺已到午夜時分，大家只好依依不捨的散席，各自回到自己的房間。

讓他重生的冥想療法

　　當浩俊先生被母親帶到我的診所求診時，他陷入了苦無就業機會而整晚藉酒麻醉不安的心情和憂鬱症狀，經常在清晨因為呼吸困難而緊急送醫的情形不斷上演。我除了為他進行針灸療法和開立中藥處方之外，每次都會交待他，下次來複診之前，一定要做到每天 30 分鐘的冥想。他過去不曾接觸過冥想，於是我就在診療室裡請他跟我一起練習冥想，指導他簡單的冥想方法，每次複診我會引導他慢慢延長冥想的時間。

　　令人驚訝的是，他在很短的時間內讓我看見他在冥想時的專注，以很快的速度達到身體和心情的復元。

　　雖然經過冥想的練習後，情況有所改善，但還不能稱得

上是完全復元的狀態。如果他能夠去一趟靜心村，與年紀相仿的年輕人一起分享關於冥想的經驗，除了能夠強化內在的力量，對於求職應該也能夠有所幫助。

在冥想中心結識同好

我在戶外庭院和大家共桌吃午餐的時候，結識了一位30多歲的倫敦青年，他在瑞士的蘇黎士城上班，擔任資訊工程師。當時每個人都在互相聊天打招呼，唯獨這位年輕人像是配戴著「沉默徽章」似的靜靜坐在旁看著別人聊天。我以為他正在進行沉默的修行，結果傍晚巧遇的時候，卻主動向我打招呼。他說目前正在參與1天3小時、為期3週的「神秘玫瑰靜心治療」（Mystic Rose Program）課程，而現在正值最後的「沉默週」。能來到這裡，遠離電腦、好好做一次自我省察，讓他感到很幸福。

我還遇見了另一位來自澳洲墨爾本、年紀約30出頭的一位瑜伽女老師，她對韓國的韓醫學十分感興趣。她很想要了解韓醫學當中所謂的氣、經絡、鍼術的原理和效果，與瑜伽、冥想、呼吸、查克拉等之間的關連，於是我用簡單易懂的方式說明了鍼術最代表性的原理「調氣治神」理論（藉由針灸理氣達到精神治療的理論），她聽了之後直呼有趣。

我想，她練了那麼多年的瑜伽，對於氣的流動應該多少也有一些認知。最近我常常透過 FB 和 EMAIL 與她互通訊息。從她的照片或是字裡行間就能感受到她在精神和身體方面都很健康，是給人爽朗印象的一位小姐。

祈求祝福、幸運和財富的象神節

我在停留普那的期間，民宿前面隨時待命等乘客的三輪計程車我都坐過一遍，然後從中選了一位最誠實、可靠的司機 Girish，和他達成口頭契約。不管是出去吃晚餐或去大型書店買英文書，都因為有 Girish 的幫忙，讓我不至於浪費時間在交通上。

當時，恰巧當地正在進行象神節（Ganesh Chaturthi）慶典活動。我特地前往老街的寺院，想要近距離感受一下熱鬧的慶典。象神是濕婆神（Shiva）之子，是賜予祝福和幸運、財富的天神。象神節從每年 9 月中旬開始，會連續 10 天盛大舉行活動，最後一天更是慶典的最高潮。我擠在一群頭頂著要獻給象神的椰子和鮮花的人群當中進入寺院。印度人信奉各種神祇，但今天在這個寺院裡他們是為賜福的象神獻上自己的心意而來。

我去的時候正值慶典最熱鬧時，到處都是人山人海。在

感受了萬頭攢動的盛況之後，我轉往最多「紗麗」（Sari，印度女性的傳統服飾）專賣店的 Lakshmi 街。老闆看我一個外國遊客來買紗麗，大概是覺得很難得吧，很開心的把我帶到店內正中央，拿來 20 多件紗麗，不停在我身上穿穿脫脫的不亦樂乎。老闆把一塊長長的布在我身上繞了幾圈像穿裙子似的，然後把尾端塞進腰間，最後把布的另一端往上披在相反方向的肩膀上。原本鏡子裡的那個韓國女人瞬間消失了，搖身變成了印度女人。我挑了一件適合自己的紗麗，請老闆指導我正確的穿法，在我付錢結帳之前，可是費了不少力氣才學會怎麼穿。

親自穿過紗麗，才了解這是兼具舒適性和女人味的一種服飾。只要一塊布，一次搞定裙子和披掛在肩上的披肩，這種衣服實在很了不起。現在還是有很多印度女性穿著這種傳統服飾走在路上。就算是變胖 10 ～ 20 公斤也完全看不出來、可以輕鬆把肥嘟嘟的肚皮和鬆垮垮的腰間隱藏起來，這個好處也許就是紗麗直到現在仍然深受喜愛的原因吧？當我好不容易拎著買好的紗麗走出服飾店，我接到司機 Girish 打來的電話。他告訴我，他的妻子 Primela 和兩個女兒為我準備了豐盛的晚餐，們想邀請我到他們家共進晚餐。我想，這段時間 Girish 應該是和他的家人聊過關於我的事情。我竟然可以在離家很遠的印度吃到「家常菜」！

我很開心的隨 Girish 前往他家。我看了一下日曆，這天

象神慶典。為了將椰子和鮮花獻給象神而湧入寺院的人潮。

剛好是韓國的除夕。

在韓國除夕這天，全家會聚在一起吃飯，沒想到我竟然在印度也能享用到除夕大餐。屋子裡每一個角落都表現出主人愛乾淨的個性。儘管室內空間有些窄小，但是整理得有條不紊，就連廚房裡面擺放的碗盤也都是閃閃發亮。聽到家裡有遠道而來的客人，住隔壁的親戚小孩也都跑來看熱鬧。只有3坪大的小房子裡大概擠了7個人，肩並肩坐在一起吃晚餐。雖然貧窮卻如此和睦的一家人，願上天賜福於你們！

哈達瑜伽大師，
追隨易研卡大師的腳步

哈達瑜伽（Hatha Yoga）是由《哈達瑜珈經》（*Hatha Yoga Pradipika*）作者史瓦特瑪拉（Swatmarama Yogi）在 15 世紀時所創立的瑜伽流派。這種流派主要是像《瑜珈經》（*Yoga-Sutra*）書中提到基於為了達到最終目標即「三昧境界」的一種訓練過程，主要著重在身體而非精神層面。我原本就對這個流派的瑜伽深感興趣，迫不及待地請 Girish 駕車帶我到易研卡瑜伽中心。

易研卡瑜伽（Iyengar Yoga）是瑜伽的各種修練體系當中，訴求紓解身體痛苦與異常，幫助人們找回健康與美麗的

哈達瑜伽之一。由印度備受尊崇的哈達瑜伽修行者易研卡大師以體位法（Asana）和呼吸法（Pranayama）為主，創造了200 種瑜伽行法與呼吸法，對於疾病的治療效果卓著。

　　因為申請課程的人太過踴躍，門上貼著當年度暫停招收新生的公告。我探頭往裡面看了一下，寬敞的瑜伽教室裡，一群汗流浹背的外國學生正在專注地努力練習。此外，有各種用來讓人練習倒立的鞦韆、把粗繩固定在牆上，用兩手抓著彎腰、伸展來學習呼吸法的器具就垂掛在教室的天花板上。我看見有人在半空中練習倒立，也有人是扭轉身體的狀態下雙手緊握等等，每一個人都在修練各種不同的動作。儘管我也很希望可以在普那的易研卡瑜伽中心上課，但是當我得知在那裡至少要待上 1 個月以上的時間，也只好放棄，等待下一次的機會了（令人惋惜的是易研卡大師在 2014 年 8 月 20 日以 96 歲高齡在普那與世長辭。願瑜伽上師易研卡大師能夠安息）。

用一句話來形容印度哲學，那就是「放棄的哲學」

　　印度哲學不同於其他哲學的地方在於非常強調實踐修行，並且視瑜伽修練為實踐修行之道。「你必須實踐你自

己，如果無法改變自己，你就無法完成哲學」以及「身體和心靈是連貫的，如果希望你的心看見真理，那麼身體也要跟進」，這就是瑜伽的基本哲學。把身體和心靈視為一體的看法其實和韓醫學類似。

韓醫學是以東方哲學為基礎，由許多的臨床結果造就的學問，或許看待人類的哲學都大同小異是理所當然的事。

位於靜心村內的奧修大師墓碑上面刻著：「奧修不曾誕生、也不曾死去；只是曾經來過叫做地球的行星罷了。」若說印度哲學的根本是「放下並割捨，然後回到原本的自我。」，那麼，我想可以簡單形容印度哲學是一種「放棄的哲學」。對於把擁有更多當成是人生目標的現代人來說，「放下並割捨」是不太可能辦得到的事。但是，印度哲學卻告訴我們，唯有徹底放下，才能夠斬斷輪迴的枷鎖，從無止盡的痛苦中解脫，回到清淨無垢的自我。

來到印度之前我曾認為，印度是佛教的發源地，應該走到哪都能見到深奧的宗教性和印度精神。只是，如果要說我從印度之旅得到了什麼，我想應該是即便再怎麼平凡的人，他們的生命也如同宗教，在物質與精神層面上會不斷重覆著放空畢生所有，然後放下一切的這個過程。

印度之旅是指引我學習放下與割捨的人生指南！

| 安靜內觀自我的冥想健康學 |

專注於冥想時的腦波，與我們在入睡前的睡眠與甦醒瞬間釋放的腦波「θ」（Theta Wave）波相似。所以冥想時會像入睡前一樣，呼吸會變長、全身放鬆並且血壓下降，五臟六腑也會進入準備休息的狀態。冥想的醫療效果已經在許多的臨床結果中得到驗證，會帶來幸福感的「多巴胺」數值越高，便能夠避免失眠症、憂鬱症、強迫症和負面情緒，進而提升生活品質。此外，因而可能突然想到方法來解決平時受困擾的複雜問題，加強洞察力和直覺，也都獲得最新的醫學驗證。

挺直背部端坐著，閉上雙眼後慢慢深呼吸，細長而緩慢的吐氣。感受全身的放鬆，進入冥想的這個過程，一開始做起來並不容易。有些時候才剛閉上眼睛不到 1 分鐘，卻因為各種想法一個接著一個浮現腦海，然後不由得睜開雙眼。當你慢慢習慣之後，即便出現一些雜念也能夠不受干擾的重新集中精神。感受全身在放鬆並且專注於呼吸的時候，你會忘了時間的流逝。隨著聽見結束冥想的鐘聲慢慢的張開雙眼，你會感受到身心無法言喻的安寧和舒適。

奧修靜心村的正門

旅行手札

印度

普那

| 旅遊行程 |

第 1 天：仁川→孟買

第 2 天：孟買→普那（國內線）／
　　　　　到「奧修靜心村」登記

第 3 天～第 7 天：奧修靜心村體驗

第 8 天：普那→孟買（國內線）

第 9 天：孟買→仁川

| 交通方式 |

● 仁川→孟買→普那區間（轉機 1 ～ 2 次）

　仁川→孟買區間可搭乘大韓航空（直航）或是利用途經新加坡或是曼谷、
　香港的飛機。

　孟買→普那國內線（45 分鐘）可以利用捷特航空（**www.Jetairways.com**）直
　接預約、付費。

● 仁川→曼谷→普那區間（轉機 1 次）的班機很多。曼谷→普那區間有印度
　當地的香料航空（**www.Spicejet.com**）一週飛 4 次（週一、二、五、日），
　如果和行程不相衝突倒是很便利。

　編注：從台灣→孟買區間可搭乘國泰航空（轉機 1 ～ 2 次）

| 住宿 |

● 奧修遊客中心（Osho Guesthouse）：位於奧修靜心村內禮堂後面，需要
　進出靜心村的時候很便利。如果只想專注於靜心課程，建議住在這裡。
　客房內部風格呈現禪風，整潔舒適，備有基本傢俱。**www.osho.com/visit/
　accommodatopms/guesthouse**

● O Hotel：位在奧修靜心村入口處正對面，只要過個馬路就到靜心村。每逢
　週末，飯店頂樓的戶外泳池邊會舉辦 Poolside Party，平時還能享受安靜的游
　泳時刻。預訂的時候記得跟工作人員要求可以望見樓下公園的東邊客房，

景觀好也很安靜。www.Ohotelsindia.com

| 冥想、瑜伽中心 |

- 奧修靜心村：www.osho.com/ch
- 自然療法冥想中心（Nature Cure Ashram）：Nisarnisargopchar Gramsudhar Trust（nisargopcharashram.org）
- 易研卡瑜伽中心：www.bksiyengar.com

| 辦理印度簽證 | （以下資訊來自中華民國外交部領事事務局官網）

- 國人於訪問印度前，依訪問性質（觀光、商務、就學、工作等）須事先向印度 - 台北協會（India-Taipei Association）申辦簽證。印度 - 台北協會地址：台北市基隆路一段 333 號 2010 室，電話：（02）27576112。

| 注意事項 |

在印度最需要擔心的問題是「腸胃炎」。在國外旅行很容易因為水質不同而引發腸胃炎，這也是印度旅行最容易遇到的問題。

- 預防：避免飲用當地餐廳提供的水，最好自己買水喝，並儘可能食用熟食。
- 在當地因腸胃炎需要求醫時：嚴重的腹瀉容易造成脫水，因此要持續飲用溫水直到腹瀉停止。此外，如果你不想在印度當地求診，出發前自備腸胃藥是比較好的作法。萬一腹瀉的情況嚴重且屬於水便，這時候只吃自己帶的藥是不夠的，一定要在當地的醫院求診，因為有可能不是腸胃炎，而是水土不服。到當地醫院求診之後，務必索取診斷書和付費收據，以便回國後申請旅遊險的給付。

05
· · · · ·

感受大自然的療癒

北海道

The miraculous healing journeys of Ian

重新發現慢活生活 | Hokkaido, Japan

因為與北海道距離很近，總覺得只要想去隨時都能前往，所以北海道的旅遊順位一直排在最後面。有一年的秋天，我決定花 9 天時間，利用火車和租車方式，以順時鐘方向環繞北海道一圈，於是簡單拎個旅行箱，搭上前往北海道的飛機。

從韓國出發，飛行時間只要 3 小時就能抵達，完全無須經歷長途飛行的勞累。一抵達札幌馬上就搭乘前往登別的火車，映入眼簾盡是一片不受污染、清淨的自然景緻。

登別的登山步道和天然足浴溫泉

來到登別，一定都會泡溫泉，因為這裡的溫泉遠近馳

名。我沒有選擇到人多的大眾池泡溫泉，因為想要欣賞整個溫泉地區，便選擇了後山的登山步道。沿著大眾池旁邊的小路踏上林間小徑和山路，可以把整個溫泉地區都繞一遍。

走在瀰漫陣陣氤氳熱氣的活火山區，四周不時出現張貼著「請注意！此地火山為活火山，可能突然有高溫地泉或是岩漿噴出。」的警示標語，不免讓人有些緊張。繼續往前大約走了 10 分鐘，我看到了一個天然足浴溫泉。之前就聽說這裡的登山步道盡頭可泡足浴，於是滿懷期待。

把腳放進潺潺的涓流裡，坐了大概 10 分鐘吧，坐在對面也在享受足浴的幾個日本人用眼神禮貌的向我問候。熱氣從腳底緩緩的蔓延全身，整個人覺得好放鬆，旅行的疲勞也一掃而空。在家裡用臉盆裝熱水泡腳就已經夠舒服了，何況是泡在天然的溫泉來個足湯浴，這麼奢侈的幸福真是無可比擬啊。

新雪谷泛舟和積丹半島的夕陽

在登別車站租了車，第一個目的地是新雪谷（Niseko）。途中經過了景色如詩如畫的火山口湖——洞爺湖後，抵達這個休閒娛樂的天堂。相較於國際化城市札幌展現出的摩登氛圍，新雪谷給人的第一印象是田園風景，充滿鄉村氣氛的感覺。

在登別的登山步道盡頭享受天然足浴溫泉。

我向新雪谷探險中心登記了 3 個半小時的泛舟活動，參加者還不少，我和 7、8 個（大部分是情侶檔）遊客編成一組。我們在湍急的水流中一起高呼日文的加油口號，在水深較淺的地方，故意把小船上的 1、2 個人推下水鬧著玩，就這樣拉近了彼此之間的距離。我忽然想起一個愛運動的朋友曾經告訴我，和陌生人拉近距離最快的方法就是一起從事體育活動。儘管並沒有聊很多的話題，但在活動中一起共度的時光和呼吸、共享達成目標的喜悅等，這樣相處下來大家真的很難不成為朋友。

　　黃昏時分，我結束了生平第一次的泛舟體驗，開車回住宿的地方。當我駕車經過積丹半島的時候，眼前是壯麗的夕陽風情。我想，這種時候怎能不把車子停下來呢。我坐在路旁，沉醉於日暮美景之中。那片廣闊的大海多麼平靜，日落、大海和雲彩如此美麗，就在我入迷的這麼想著的時候，夕陽早已隱沒在海平線的另一端。這是我生平第一次見到如此美麗的夕陽。

在北海道享受總統級待遇的打球經驗

　　翌日早晨，我在前往小樽的路上，偶然發現了小樽 ZISAN 高爾夫俱樂部。由知名的高爾夫球場設計師杉原輝

雄運用小樽蓊鬱的自然景觀所設計，四周環繞著樺樹和北海道赤松的自然樹林，是一座山明水秀、景觀相當氣派的高爾夫球場。我看到導引說明上有我在首爾常去的 ZISAN 度假村標識，便向工作人員詢問，果然，這裡是由 ZISAN 度假村買下老舊的高爾夫球場後重新開張。

從球桿到鞋子，我租了整套的裝備進入場地。我駕著高爾夫球車巡迴著空曠的打球路線，18 洞上每個球洞都意思一下打個 2 顆球，邊打球邊繞一遍球場，結果竟然不知不覺越走越往深山裡去。我太專注打球，以至於沒有發現身後有 2 隻小狐狸跟著我，我著實嚇了一跳，立刻使出連奧運短跑選手博爾特都甘拜下風的速度，拼命往山下的高爾夫球車狂奔。也許是因為突然看到 2 隻狐狸受到驚嚇的緣故，後來打的球總是左右偏離而不進球洞。雖然被小狐狸嚇了一跳，但能夠享受到在首爾近郊球場不可能有的悠閒打球樂趣，以及自己駕著高爾夫球車慢慢閒逛深山的愉快心情，真讓我意猶未盡。我想，這應該足以媲美總統打球時，全場淨空的那種悠閒感。

基於在小樽有過這麼美好的打球經驗，我到旭川後也去了球場，打完 18 洞。大清早前往旭川紀念鄉村俱樂部，不論是設備還是場地的管理，就連美麗的桿弟大嬸的服務都是堪稱一流。

陣陣山風吹來清爽怡人，不時飄來浮雲適時的遮住太

陽，連天氣都超級完美、無可挑剔。多虧了在北海道享受了如此悠閒打球的樂趣，得以紓解之前在首爾打球時沒能好好放鬆的壓力。不知道下次要到什麼時候才能再享受像這樣不須顧慮別人而急忙把球打完、媲美總統級待遇的北海道高爾夫球之樂呢？

在美瑛，想起了濟州山丘

旭川車站內觀光介紹所的小姐推薦我幾個住宿的好地方，以及前往美瑛的火車旅行短程路線。

美瑛是一個隨處可見低矮丘陵和美麗琥珀色河流、有如童話場景般的鄉村地方，和鄰近的富良野一樣都是遊客絡繹不絕的熱門景點。夏天會開滿遍地野花、錯落著紫色的薰衣草花田，到了冬天則是一片雪白世界，讓人不由得驚呼讚嘆。或許就是因為這樣吧，有許多愛好攝影的人不分四季總是喜歡到這裡來，想用鏡頭捕捉下這些美景。從旭川車站到美瑛，搭火車約半小時的車程（單程），是很適合規劃一日遊的旅行路線。

據說，日本的風景攝影師前田真三在環遊日本的旅行途中，深深著迷於美瑛的迷人景緻，就此住了下來，拍下許多

攝影作品。我想，我能夠了解他這麼做的理由。這裡就像是北海道的「托斯卡尼」，山丘蜿蜒的起伏曲線綿延相連到天邊，這種獨特的景緻，有哪一個攝影師能停止按快門的手呢？而且，不同的季節有各種形形色色的花朵盛開，交融在一起變換出多彩多姿的風景，也難怪許多攝影師想要整年都待在這裡拍照。

我前往攝影藝廊「拓真館」一睹前田真三的攝影作品。《丘陵上的村落》這幅描繪美瑛風景的照片，雖與我在濟州島參觀畫家金永甲開設的「頭毛岳」畫廊時所看過的《濟州山岳》風景照並不相同，然而觀賞後印象深刻的程度，倒是不分上下。我彷彿可以感受到這兩位攝影師對美瑛丘陵和濟州山岳的鍾愛心情。

座落在平坦丘陵上的美瑛，正因為那如詩如畫的風景而經常登上媒體版面，如「哲學之樹」、「七星之樹」、「Ken & Mary 之樹」等都成為當地的著名景點，有點類似韓國江原道的「高賢廷松樹」和濟州 Hyatt 飯店中庭的「魚長椅」（Shiri bench，因出現在電影「魚」當中而聞名）。

我買了一個紫色的薰衣草冰淇淋，坐在展望公園一邊吃冰淇淋一邊欣賞美瑛的風景。雖不是夏季，看不到色彩繽紛的各式花朵，然而視線所及盡是連綿不絕的丘陵和樹林以及廣闊的草原，就像是在欣賞一大片美麗的拼布。在這裡長大的孩子們，隨時能夠欣賞這片寧靜的風景，他們也許都有著

丘陵上的村落，美瑛的秋日全景。

像這風景般平靜的內心吧。

我在離開美瑛的時候，從前田真三的攝影作品中挑選了一張我最中意的風景照，當作這次的旅行紀念。我多麼希望能夠把眼前這片一望無際、綿延著綠黃相間草原的美瑛丘陵帶回家。

日本最後一個秘境——知床

知床在北海道原住民阿伊努族語代表著「大地的盡頭」之意。位於北海道東北部的知床半島是座國家公園，在 2005 年被聯合國納入「世界自然遺產」，境內有針葉樹和闊葉樹形成茂密的原始森林。

在知床國家公園的入口處，我見到正在四處吃草的野鹿和狐狸。整個下午我就沿著環繞知床五大湖的山路散步，不時可見到正在吃草的野鹿與我作伴。

時間已近傍晚，幾乎看不到其他的遊客，湖邊的步道幽靜，甚至顯得有些寂靜。北海道是以棕熊的棲息地聞名，阿伊努族將棕熊視為山神的象徵，地位崇高。日本政府和北海道居民一直以來齊心合力保護棕熊的數量，讓棕熊成了知床代表性的觀光資源。這裡可以說是人類與野生動物共生的生態觀光區。

在這裡隨處可見警告標語寫著：「小心熊出沒」、「如果目擊到有熊出沒，請聯絡 XXX － XXXX」，看來似乎真的經常可以見到熊的蹤跡。於是乎我邊走邊想像突然有熊出現在眼前的情景，自己一個人在湖邊繞了一圈。

前面提到，旭川車站觀光介紹所的小姐推薦給我一些住宿點，其中的知床民宿「季風」是一個讓我十分滿意的地方。民宿座落在海邊的國道旁邊，其獨特的外觀從很遠的地方就十分引人注目。晚餐過後，在客廳的吧台有幸和民宿老闆一起喝杯茶。老闆原本是某家大飯店的經理人，退休之後親自設計並建造了這家民宿。

小巧整潔而不失獨特風格的季風民宿，以親切的關懷讓旅客倍感幸福。民宿使用知床當地農產製作美味料理、附設隱密性高的露天溫泉和 2 樓的展示畫廊，這一切都為旅行帶來了另一個愉悅的收獲。

走吧～
出發賞鯨去

為了搭上出海觀賞鄂霍次克海鯨魚群的船，我一大清早便前往位於羅臼的「Nature Cruise」公司。抵達之後才發現，那是一間位在鄉下碼頭邊、和小麵包店共用一個空間、看來

稍嫌簡陋的辦公室。確認過前一天預約的名單之後，船主領著我們去乘船。

我和將近 50 個人一起坐上船準備出海賞鯨，除了我以外，大部分都是從其他地區來北海道玩的日本人。

船開始往外海行駛，大約 40 分鐘船程後，到了某個定點船停了下來，只見船長站在船頭用望遠鏡查看。不論怎麼找就是看不到噴著水柱、躍上海面的鯨魚蹤影。於是我們的船掉轉了方向繼續前進約 10 分鐘左右。就在這個時候，聽到突然有人在大喊：「鯨魚！！！」

那瞬間船上所有人的視線全都看向同一個方向，我看見正使勁噴著水柱跳出水面的 2 隻鯨魚。所有遊客興奮不已，不停按下相機的快門。接著又出現一群鯨魚游過我們眼前。一時之間船上盡是此起彼落的讚嘆聲和快門聲。連一向總是輕聲細語、不輕易表露情緒的日本人，見到游過眼前的一大群鯨魚，也都興高采烈得像個孩子般的發出歡呼聲。我想，令人讚嘆的景象當前，任誰都會回到純真如孩子的模樣吧。

前往釧路途中拜訪的伊藤牧場

位於根室半島尾端的傳統旅館「照月」是我最明智的選擇。可能因為這裡是鄉下的一個小村落，聽說很少有從韓國

來的遊客。民宿老闆向我介紹這家旅館是從小吃店起家，後來才改成民宿，至今已有 47 年歷史。可以感受到老闆對這家民宿擁有的深厚自信。使用根室當地食材製作而成的晚餐和早餐，我只能說非常夢幻。

當我看見面前擺滿各式生魚片和海藻類、海膽、螃蟹等海鮮料理組成的華麗餐桌，那瞬間我驚訝得說不出話來。我根本沒有料到，會在這樣一個鄉下小地方吃到如此華麗又美味的餐點。

我在駕車前往民宿老闆推薦的釧路途中，先去了一趟伊藤牧場。北海道是出名的酪農區，尤其屬根室地區的牧場最多。伊藤牧場在路邊設置了商店，販售自製的乳製品。由農場剛擠出來的鮮奶和產地自製的新鮮奶油乳酪，只要有簡單的麵包或是餅乾，就能夠擄獲遊客的胃。

我坐在店裡望得見牧場的座位，點了一杯鮮奶和抹了奶油乳酪的餅乾，那絕妙的美味，好吃到如果有人在你旁邊昏倒了都不會察覺。在廣闊的大地與大自然一起成長的乳牛，想必不會有什麼壓力，所產出的牛奶當然既新鮮又香濃。相較於韓國的乳牛都被豢養在狹小空間裡，被當作是擠牛奶的機器，北海道的乳牛們是何等的幸福呀。

上：前往釧路的途中，在伊藤牧場遇見乳牛群。

下：在伊藤牧場品嘗的咖啡和新鮮的乳酪。

有如非洲草原的
釧路溼原

　　說到釧路最為遠近馳名的景點，莫過於環繞著整個城市腹地的遼闊溼原。1987 年日本政府把釧路溼原訂定為國家公園，是日本第一個、也是唯一以溼地為主的國家公園。園內保留原始森林自然樣貌，有觀光列車供遊客利用，我因為自己開車去，索性就駕車繞了一遍。

　　我在釧路直接開上國道 391 號線開往阿寒方向，經過細岡到了位在低矮山坡上的細岡展望台。站在展望台俯瞰那有如非洲大草原的廣闊溼原，以及貫穿這片溼地靜靜流動的釧路河。不論我如何變換鏡頭的角度，都很難把這廣大的溼原全都收進小小的焦距框裡。

　　據說，在寒冬的釧路溼原可以拍到在雪地裡優雅撥弄著雪的丹頂鶴。雖然我沒能親眼見到那樣的場景，我還是充分體驗了那彷彿是從明信片裡跳出來的美麗風景。不論從哪一種角度拍下照片，都是令人讚嘆的傑作，不管是誰都可以成為攝影大師，我在這裡渾然忘我地欣賞風景，待了許久不捨離去。

因為暈眩而
重新發現慢活價值的他

　　K 先生是國外投資公司的專業經理人，長久以來過著不分日夜的工作和疲於經常出差的生活。某天，他突然昏倒了。經過 1、2 次突然昏倒的情況之後，才來到我的診療室，我為他診斷的結果是「體力耗弱、長期疲勞累積以及嚴重的工作壓力所造成的暈眩」。原來，他負責管理的公司被併購，使得他在身體和心靈上受到莫大的衝擊，身心處於極度耗弱的狀態。在當事人還沒來得及察覺不對勁的時候，身體就已經先累倒了。這個時候的他，首要之務便是要試著放慢生活的速度。

　　人類與動物在美麗的大自然裡和諧共存的北海道，尤其是釧路溼原，我建議他不妨找個時間到那裡悠閒的走走看看，給自己一段檢視自我並思考的時間。所幸他聽取我的建議，真的自己一個人去了一趟慢活之旅，不久之後，當我再度見到他時，他整個人神采奕奕、充滿了光彩。

　　放慢生活的步調，能讓你做到這一點的就是旅行！

| 溫泉浴健康學 |

《東醫寶鑒》〈湯液篇〉關於溫泉的效果有詳盡的說明。「肌肉與骨骼的痙攣、皮膚的感受力遲鈍和有皮膚問題時,可用溫泉水沐浴。」從這段文字記載可得知,古人會利用溫泉水治療慢性病、皮膚病等問題。實際上也正是如此,溫泉能夠達到放鬆肌肉、改善關節血液循環以及使皮膚柔嫩的效果。此外,溫泉浴也是一種能讓患者感受到平靜和休憩的心理療法,可達到身心舒適的效果。退化性關節炎的患者在溫泉池裡走幾步,對於病情會有所幫助。

建議溫泉浴後不要馬上用毛巾擦拭身上的溫泉水,讓身體自然風乾,泉水中所含的礦物質成分才會被皮膚吸收。藉由旅行世界各地,在不同的國家體驗泡知名溫泉,我想應該也是旅行的另一種樂趣。

溫泉水是從地底湧出地表的滾燙泉水,不同的泉水有不同的特殊成分,含量效果也不盡相同。韓國最普遍的中性泉(像是利川溫泉、尺山溫泉)種類有碳酸泉、硫磺泉、放射能泉、黃酸泉等,隨著水中所含的成分,療效也都各有不同。

末稍循環差、容易手腳發麻、正值病後復原期、手腳冰冷、有慢性關節疼痛症狀、容易精神緊張、體質虛寒容易消化不良等類型的人都適合泡溫泉。反之,有活動性結核或是惡性腫瘤、白血病、高血壓、感染性疾病等症狀的人則不適宜泡溫泉。

※ **注意事項**:皮膚較脆弱的人在浸泡硫磺泉或是酸性泉之後,最好再用清水沖洗身體。此外,若溫泉水溫較高,建議不要泡超過 8 ～ 10 分鐘以上。尤其是患有風溼性關節炎的人,在享受溫泉浴的同時,必須特別留意泉水的溫度,因為如果溫度太高,可能會導致發炎的情況更加嚴重。

旅行手札

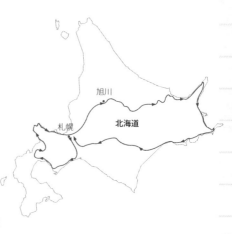

旭川

札幌　　北海道

| 旅遊行程 |

第 1 天：仁川→北海道
　　　　　新千歲機場、登別市
第 2 天：洞爺湖、新雪谷泛舟
第 3 天：旭川市、美瑛
第 4 天：網走市、知床國家公園
第 5 天：羅臼賞鯨、根室市
第 6 天：釧路溼地
第 7 天：釧路→南千歲車站
第 8 天：新千歲機場→仁川

| 北海道交通 |

- 火車：在札幌車站購買 JR4 日周遊券 JR Pass Flexible
- 火車停站區間：新千歲→登別市（特急）／札幌市→旭川市／旭川市→知床／釧路→南千歲
- 租車路線：除了火車會停靠的區間以外，其他的城市自行開車。

| 旅遊情報 |

- 新雪谷探險中心（Adventure Center）www.nac-web.com
- 季風民宿（季風クラブ知床）：北海道斜里郡斜里町ウト口東 318 ／ 0152-24-3541 ／ www.kifuu.com
- Nature Cruise：Ever Green Captain www.e-shiretoko.com
- 照月旅館：北海道根室市梅ケ枝町 2-3 ／ 0153-23-5137 ／ primenet2010.biz/shogetsu
- 伊藤牧場：北海道根室市明郷 101 番地／ 0153-26-2181 ／ www.nemuro-footpath.com/gyuu

06

心醉於純粹大自然的
清邁健行之旅

泰國

The miraculous healing journeys of Ian

回顧自我 | Thailand

　　提到「泰國」，最先想到的便是曼谷華麗的夜景或芭達雅和普吉島美麗的海灘。不過，泰國北邊還有一個樸實且美麗的舊首都——清邁。雖然沒有藍色的海洋與沙灘，倒也是一個頗具特色的景點。這是一座保有純樸氣息的城市，稍微往郊外走就能看見寧靜的鄉村和茂密的熱帶雨林，有著不被文明污染的大自然與友善的人們。

　　從清邁到清萊之間的山岳地帶，有超過 100 人的高山族居住的部落。走進高山族村落、參觀他們生活的地方並且一起用餐、住宿的「高山族徒步行程」是相當受歡迎的旅遊行程。在沒有水電的深山裡築成聚落、穿著傳統衣裳遵循自身的文化生活的高山族，透過此行程不僅能與他們實際接觸，還可以和來自不同國家的遊客組成小組一起健行幾天。

清邁，
彷彿連時間都靜止的療癒之城

　　韓國有句俗語：「南男北女」（南方出俊男，北方出美女），這句話在泰國似乎也適用，因為清邁最出名的便是美女。清邁出過好幾位「泰國小姐」，清邁美女遠近馳名。過去清邁曾經是榮盛將近 500 年的古王國「蘭納王朝」（Kingdom of Lanna）的首都，因此我想，這裡的人們也許都有著與這座古城相得益彰的高貴品格、溫柔婉約的美女基因吧。

　　進入清邁市區最引人注目的便是區隔老街和新街的低矮城廓和護城河。原本蘭納王朝的首都是「清萊」，但是受到緬甸不斷的侵擾才會遷都到清邁。遷都後就加建了現在的城廓以及在城廓外圍挖了一道水路（繞著城外圍鑿建的溝渠）作為護城河，用來防禦敵人的侵襲。所以，現在到清邁都還是見得到當時建構的護城河以及殘破城廓環繞老街的樣貌。

　　城廓裡面的老街是一個邊長 2 公里呈正方形的街道，飯店和佛教寺院、夜市、餐廳都集中在一起，可以很輕鬆的邊走邊逛。

　　此外，從都心往外約 10 公里處，可以看到原始的密林

和許多的瀑布，同時也可以窺見仰賴密林而居的高山族的生活。走在老街上不時可以見到身上穿著高山族民族服裝向觀光客兜售物品的女性。

我在老街看到有開往位在半山腰的「雙龍寺」（Doi Suthep，泰語中「Doi」是指山，「Suthep」是指神仙）的雙條車（Songthaew），立刻想都不想就坐了上去。被稱為迷你巴士的雙條車，其實是加裝了頂棚的小貨車，乘客坐在後車廂裝設的長椅上，是清邁常見的大眾交通工具。車上坐著正把玩手機的童僧，以及前往雙龍寺參拜的老太太，加上我一共只坐了 3 個乘客。車子在蜿蜒崎嶇的山路上行駛了好一會兒，終於到達海拔 1,676 公尺高的雙龍寺。

我走進寺院，想要看看寺院中央的寶塔。寺院內禁止穿鞋，我入境隨俗也把鞋子脫下來，跟著虔敬供奉的人們圍著寶塔繞了一圈。我在心裡默念著希望這次的旅行也能夠健康、平安的結束。

泰國北部的少數民族，高山族

泰國北部和西部、緬甸北部和東部、寮國北部與越南西北方的深山地區是高山族居住的地方，大約在西元 200 年

前，從中國南方和西藏遷徙到這一帶山區，據說其中也有一些疑似是高句麗後代的少數民族。

高山族主要以刀耕火種的方式耕種農作物，並且飼養家畜為生（據說過去主要的收入來源是栽種罌粟花）。至今仍然保有唯有族人之間才能溝通的族語、特有風俗以及民族服裝。很久以前電視節目曾介紹過克倫族（Karen，長頸族），該族的女性終其一生脖子上都得戴著黃銅頸圈，原本是生活在緬甸的山區，現在則遷徙到泰國定居。克倫族因為無法繼續在日漸趨向社會主義的緬甸生活，現在主要是集中在緬甸與泰國的邊境一帶。克倫族也是高山族當中人數最多的族群，在都市裡常見得到他們的身影，介紹高山族聚落的健行行程中很多導遊便是克倫族青年。

除此之外，例如像是住在海拔 1,000 公尺以上的高山地帶、對藥草瞭若指掌且喜愛穿戴色彩鮮艷頭巾的拉祜族（Lahu）、頭戴裝飾華麗的帽子且高山族當中唯一喜歡吃狗肉的阿卡族（Akha）、明明是住在海拔 1,000 公尺以上的高山、外貌卻酷似韓國人，將蚩尤視為祖先的苗族（Hmong），還有景頗族（Mye）、傈僳族（Lisu）族等少數民族住在泰國北部的深山區。心裡想著就要親自造訪這些高山族生活的聚落，我在清邁的第 1 個晚上竟然整夜難眠。

清邁必去行程，
高山族聚落健行

　　清邁之旅的行程當然就是「健行」了。走進深山裡與高山族接觸、騎在大象背上在林間漫步、坐上筏木和來自世界各地的遊客體驗順著河水漂流的樂趣。健行行程通常是 2 天 1 夜以上，最長也有 1 週的行程。我在旅館服務台預訂了 3 天 2 夜的健行行程，其中包括了登山路線，因此需要運動鞋和帽子，所幸我早有準備。另外，在高山族聚落過夜時需要的睡袋，我打算向旅館服務台借用。

　　健行行程一天下來大概有 5 個小時是走山路，需要有相當的體力，進入高山族聚落之後，晚上是大家一起睡通鋪，對於有潔癖的人來說應該是相當辛苦的旅程吧。儘管如此，來到清邁旅遊的外國人非玩不可的就是這個行程，因此雖然辛苦，必定還是有其吸引人的魅力才是。

與克倫族導遊一起Let's go

　　我和一大早就到旅館來接應的導遊 Boon 互相打過招呼。年紀大概 30 多歲的 Boon 看來很開朗，由我充當第一個坐上

他的雙條車廂的乘客，接著他一路到附近的旅館接應其他參加行程的遊客。就這樣，集合完畢共 9 人，未來 3 天要共患難的聯合國健行隊就此成團。斯洛維尼亞、以色列、台灣、美國、加拿大以及韓國。儘管每個人都是不同的國籍，但是有了健行這個共同目標，大家很快就打成一片、和樂融融。

從市區出發，在鄉間小路開了大約 2 小時，終於抵達健行的起點。大家的眼神中頓時流露出「終於要開始了」的堅定眼神。於是我們各自整頓自己的背囊，重新把鞋帶綁好、帽子戴好，準備開始健行。

「OK, Everybody, Let's go, and just follow me！」

在 Boon 的帶領下，一行人開始往山區前進。領隊在出發前叮嚀我們一定要穿上運動鞋、戴帽子，結果他自己不但沒戴帽子、還穿拖鞋，身上穿的還只是短褲而已。以這身裝扮居然能徒步 5 小時的山路，果然是高山族沒錯。原本以為早上氣溫應該很涼爽，沒想到早上 10 點過後，氣溫馬上飆高到 30 度。再加上地處熱帶雨林，氣候非常潮溼，只走了一小段路就已經汗如雨下。從四面八方飛撲而來整群的蚊子和蜉蝣，我們必須不停揮動雙手才能看清楚前面的路。

炎熱的天氣裡，揹著沉重的行囊還得走上超過 5 小時的山路，才能到達第一個民宿所在的高山族聚落，我在心底想著必須要儘早適應這裡炎熱的氣候和成群的蚊子和蜉蝣，低著頭默默跟著前面的人往前走。我們一行人似乎是越來越往

高山的深處走。領隊告訴我們必須要走過橫跨山谷的獨木橋才能到對面的聚落。於是，我只好戰戰兢兢地緊抓著橋上的繩子走過獨木橋。那是一次畢生難忘的驚險經驗。

「OK, Stop, Stop！」

走在最前面的 Boon 下達休息的指令，大家立刻放下背囊，各自找尋陰涼的地方休息，迫不及待拿起水壺大口大口把水灌下肚。我看了下手錶，出發到現在已經過了 2 小時。這一路走來，全身都被汗水浸溼了。有人脫隊到其他地方探險了一會，發現附近有小瀑布和水坑。這時 Boon 告訴我們可休息半小時，大家可以到水邊休息。大夥全都興奮地脫下衣服往水裡跳。儘管冰涼的泉水讓人心臟都快結凍，整個上午的悶熱倒是因此而得到救贖。打水仗、盡情游泳，轉眼間已經超過預定的休息時間。寧靜的山中小溪邊，迴盪著我們爽朗的笑聲。

抵達第一個高山族的聚落

在前往目的地的途中，我們在某個村落停留了一下，由 Boon 親手為大家準備了泰式湯麵當午餐。吃完之後接著趕路，下午 3 點終於抵達克倫族生活的村落。除了簡單的午餐之外，整天只靠著喝水走了 5 小時以上的山路，疲勞的感覺

上：正在為大家準備泰式湯麵當午餐的 Boon。

下：河岸邊高山族村落的風景。

突然間排山倒海而來。我體力耗盡的倒臥在民宿屋棚下沉沉睡去。大概睡了半個小時吧？睡眼惺忪的睜開眼睛，這才看清楚整個村落的景緻。

這是一個不到 20 人群居的小村落，雞、狗、豬等家畜都比人還多。因為雨季長且溼度高的關係，族人的房子蓋在離地約 1 公尺高的地方，還把豬綁在 1 樓的柱子上。當我豎起耳朵安靜的傾聽，耳邊盡是蟲鳴鳥叫。另外還夾帶著在屋棚下四處走動的雞隻啼叫聲、狗兒看見陌生人來訪而不停吠叫的聲音，劃破村落的寧靜，在山谷間迴盪。院子裡有個大概只有 7、8 歲的小女孩背著一個小嬰兒，還有一群小孩子光著身子跑來跑去的在玩耍。真是一幕遠遠看著就讓人會心一笑的午後風景。過了下午 5 點，天色就開始昏暗，這才明白為何剛到村落 Boon 就趕著準備晚餐。當沒有水電的偏僻村落籠罩在一片漆黑夜色裡，就連自己面前的人向你揮手都看不清楚。

我們一行人圍坐在以蠟燭點亮的餐桌邊，享用著 Boon 為大家用心準備的泰式米飯和炒青菜，同時分享第一天的健行感想。餐後大家圍著柴火坐成一個圓圈，開始分別自我介紹。來自斯洛維尼亞的一對情侶還即席表演了斯洛維尼亞的傳統歌謠，就這樣結束了第一天。走回小木屋的路上，我關上手裡的手電筒仰望夜空。夜空中彷彿傾倒而下的滿天星斗，讓我不由得發出讚嘆：「Amazing ！！」

坐在大象的背上漫步熱帶雨林

第 2 天大清早，雖然外面仍然是漆黑一片，我卻因為劃破寧靜的雞啼聲而無法入睡。豢養在民宿下面的豬隻叫聲也像是近在耳邊，擾人清夢。我走到外頭用清涼的溪水洗把臉後回到屋裡，其他人也都起床，正在整理各自的行李。大概是因為外頭那些一大早就勤勞活動的家畜，大家也都醒得很早。趁著 Boon 在為大家準備早餐，我逕自走到屋外附近繞了一圈。已經很久沒有一個人在清晨濃霧瀰漫的山林裡獨自散步了。

和第 1 天一樣，這天也是不斷在山路爬上爬下，走了好一會兒後，遠遠望見有一條溪流。這時遠處傳來大象的叫聲在整個山谷裡迴盪。剛開始原本只是 1 隻大象的叫聲，然後其他的大象也都跟著一起叫了起來。原來是我們來到了可以吃午餐的另一個高山族聚落。等 Boon 準備午餐的時候，大夥兒有的人下水游泳、有的人閉上眼睛小睡片刻，有的人則是悠閒的喝咖啡。

結束了午餐，來到河邊看到正在等著我們的一群大象。以 2 人 1 組的方式各分配 1 頭體形高大的大象，坐在大象的頭部和背上，展開一段騎著大象走過樹林和小溪的刺激旅程。我爬上大象高大的身體並輕輕撫摸牠的頭，心裡對牠

一行人坐在大象背上，往下一個村落前進。

說：「今天要麻煩你嘍」。大象載著我慢慢走在林間小路上，偶爾發現可口的青草或是果實，就會停下來用長長的鼻子摘下來送進嘴裡。我坐在高處，四周的風景一覽無遺。

騎著大象大約前進了 2 小時，來到位於河邊的拉祜族聚落，我們要在這裡度過第 2 個晚上。據說拉祜族原本是住在西藏，這兒小孩子的長相輪廓真的很像韓國人。這個民族是天生的樂天派，過著無憂無慮的生活。由於主要仰賴刀耕火種為生，因此總是需要找尋新的耕地而四處為家，從他們搭建的房子不難看出只是個臨時的住所，顯得有些潦草。

我在村子裡看到了幾位穿著阿卡族民俗服裝的女性。她們因為聽說有觀光客來拜訪村落，所以從在 2 小時路程之遙的山村走過來。我想，應該是為了賣自製的手工藝品而來的吧。居然走了 2 小時的路程來到這裡，怎麼說也至少該向她們買個水袋。

順著緩緩的水勢漂流而下，竹筏泛舟記

健行第 3 天，今天的主要行程是坐上竹筏順著河水漂流而下。換言之，今天要以最原始的方式在熱帶雨林內茂密的山谷裡活動。悠閒吃完早餐後，跟村裡的孩子們玩耍了一會

兒，大夥兒便來到早已經備好竹筏的河岸邊。有兩艘竹筏，聽說完全不用一根釘子，純粹用竹子製成，手藝之精湛令人佩服。竹筏上甚至另外特別做了一個竹子托架，方便遊客放置行囊。

我們分成兩組人坐上竹筏，分別由 Boon 和村子裡另一個青年掌舵，慢慢順流而下。不知何故，河水流動得非常緩慢，就算是整個人站在竹筏上面都不用擔心會搖晃。隨著緩慢的河流往下移動著，沿途的熱帶森林是絕無僅有的美景。

結束了竹筏泛舟的活動，我們一行人再度坐上雙條車。抵達清邁的時候，已經是下午 3 點。散會前大家約定傍晚到河邊酒吧辦一個小型送別會。回到民宿我先整理了行李，稍作休息。過去 3 天和大家一起完成健行的行程，我和大家都成了好朋友。大家圍坐在營火旁，一起看星星，邊吃飯邊聊天。大家一起度過活動結束的最後一晚，為這段旅程添上更多的回憶。連導遊 Boon 也加入我們的行列，大家喝著啤酒，天南地北的閒聊直到深夜。

清邁的玉佛寺以及
Cabbages & Condoms Restaurant

一早我就在清邁搭乘國內班機飛到清萊，我打算去看看

玉佛寺庭院。

清萊北邊的緬甸邊境村莊和過去盛行鴉片貿易的金三角。清萊比清邁更靠近北邊，天氣更涼爽。當我抵達清萊的時候，街道上沒什麼行人，顯得相當冷清。

　　我在旅館門口招了三輪人力車（Samlor），前往蘭納王朝時期首都的清邁最著名的寺廟「玉佛寺」（Wat Phra Kaew）。到曼谷旅行的人一定會到富麗堂皇的玉佛寺參觀，而寺中的玉佛原本是供奉在清萊玉佛寺的神像。1434 年遭雷擊毀損的寺院寶塔中發現的玉佛神像在當時被送往曼谷，現今這裡供奉的玉佛其實是依原本模樣重新打造的。儘管如此，來到清萊朝聖的人們以及這裡的市民至今還是十分虔誠的向玉佛祈福。

　　清萊市區的高山族博物館 1 樓有一間叫做「Cabbages & Condoms」的餐廳，名稱相當有趣。如果晚上來這裡喝啤酒，你可以免費得到一個保險套。打聽之下才明白，原來這家餐廳是由致力於防範愛滋病積極宣導使用保險套的 PDA（Population&commuity Development Association，宣導預防愛滋的非營利組織團體）所經營的店。明白了背後的含意之後，我覺得這家餐廳的名字實在是妙極了。原本概念是基於希望民眾能夠像在買隨處可見的高麗菜一樣，便利地購買保險套使用，防止愛滋病的擴散，進而達到預防。不但完全沒有半點猥褻的意味，反倒是從預防醫學的觀點發想而來，這麼獨特的名字任何人只要聽過一次就絕對不會忘記。

穿直筒裙的男人，
塗抹特納卡的女人

　　坐上長途巴士，我前往位於清邁北邊與緬甸之間的邊境地區美塞（Maesai）。到了美塞之後，我打算用一天時間在緬甸他曲（Thakhilek）走走。徒步經過邊境檢查站後，沿路盡是在其他地方見不到的新奇風景。路上有很多人都穿著傳統服裝，不論男女都穿了名為「Longi」的長裙。學生們也都穿著紅色傳統服裝的校服，看上去實在是美極了。此外，這裡有許多印度人。我想，主要是緬甸在印度邊境的緣故。

　　另外一個令人眼睛一亮的特色是，大部分女性和部分男性的臉上都塗抹了白色的「特納卡」（Thanaka）粉末。這種粉末被視為是一種天然的化妝品，主要是將緬甸自產的特納卡樹在石板上加水研磨而成。早在 2 千年前就是人們愛用的天然化妝品。特納卡粉不但能夠保護皮膚不受直射光線的傷害，塗抹在身上有一種清涼感，有助於緩解暑熱。此外，還兼具美白和殺菌的效果，能夠讓皮膚變得細緻。不過，塗抹在臉上的視覺實在很突兀，我想應該不能算是用來美化的化妝品吧。如果是塗抹在臉上能更自然一點，看不出痕跡，那才是錦上添花啊，真可惜。

大毒梟的根據地——金三角

我從緬甸他曲再度徒步經過邊境回到泰國美塞，坐上開往索洛（Sop Ruak，金三角）的雙條巴士，一路經過鄉間小路的感覺很好。雙條巴士是類似社區接駁車的一種大眾交通工具，路上沒有明顯的停靠站，司機卻還是可以精確無誤的在定點接送乘客。即便不會說泰語，只要把目的地正確的告知司機就算是完美的溝通了。抵達目的地下車時支付車資即可，他們的收費真是太親民了。

位於泰國、緬甸、寮國三國交界點的金三角之所以有名，主要因為這裡曾經是控制整個鴉片市場七成交易量的世界第一大毒梟昆沙的根據地。據說昆沙也是緬甸出身的少數民族，當時，昆沙的參謀長張蘇泉被喻為諸葛亮，甚至成為少數民族人們眼中的英雄人物。一度受到緬甸政府拘押的昆沙，在 2007 年死於緬甸首都仰光。

昆沙的故事讓人不由得聯想到電影《教父》。尤其在當時，少數民族迫於經濟因素不得不為昆沙經營的地下工廠工作，我想這就是後來出現鴉片展覽館的原因吧。雖然覺得鴉片展覽館內的展示品並不值得我特別花時間去看，至少我已經充分了解到鴉片展覽館設立的背景。

乘坐長尾船遊覽湄公河

泰國與寮國以湄公河為界，在金三角可以到湄公河乘坐長尾船順流而下到清盛（Chiang Saen）。在船上，可清楚遊覽到寮國的風貌，清盛則有巴士可以前往清萊。

乘坐在長尾船上望見岸邊寮國人居住的房子，竟然比緬甸人的居住環境更為惡劣。一開始河的寬度很大，但越往下又漸漸的變窄，彷彿就快接近河岸，甚至幾乎完全看得到岸上人家房子的前院。長尾船就這樣反覆的離河岸忽近忽遠，繼續下行。一群在河邊玩水嬉戲的寮國孩子們，以純真的笑臉向我揮了揮手。

等待回程巴士的時候，
我在湄公河邊想起了他

當我在車站等待開往清萊的巴士時，突然想起出國之前診療的一位病人。他是國中 1 年級的學生，某天隨著母親來到我的診療室。

他自從升上國中後，便為失眠和憂鬱症所苦，詢問之下才知道，原來是在學校遭到霸凌。首先我向他的母親建議，

最好暫時遠離學校同學並開始接受治療。他的父母親願意採納我的建議，暫時沒有讓他繼續上學，在家自學。持續進行漢方療程一段時間之後，所幸他的問題改善了許多。

如果那孩子能夠到清邁的高山族聚落走一趟，我想，夜裡在那漆黑的山中小木屋，或許他就能鼓起勇氣向父母親傾訴心事。若他騎著大象穿越熱帶森林，體驗與大象交流的感動時刻，是否就能比較容易敞開緊閉的心扉？想幫助孩子的身心不至受到學業壓力和霸凌痛苦傷害，和父母親一起去旅行是最好的辦法。

旅行是讓你回頭看看自己的人生，
再從中找出可行性的一段旅程！

療癒身心 的小知識

| 泰式傳統按摩 |

泰式按摩起源於距今 2,500 年前的一位佛教僧侶，於曼谷歷史最久遠的寺廟臥佛寺（Wat Pho）以傳統醫學的角度發想而來。這是一種以指壓和肢體伸展動作為主的古法按摩，根據活絡全身經脈的理論施予指壓。

技法上大多利用手或腳部的推拉動作，且不使用精油。透過按摩緩緩伸展肌肉並達到能量的均衡，改善身體柔軟度的同時，也能夠幫助身體更加協調。除了改善血液循環，也有助於恢復疲勞和身心的安定。

泰式按摩的指壓點與中醫學的穴道位置幾乎一樣，這是因為泰式按摩是依據東洋醫學的「氣能量」為基礎的緣故。

※ **注意事項**：進行泰式按摩時要全身放鬆，配合按摩師的動作，保持輕柔的呼吸。

臥佛寺，傳統泰式按摩的發源地。

旅行手札

金三角
· 清萊
· 清邁

泰國

| 旅遊行程 |

第 1 天：仁川→清邁

第 2 天：健行第 1 天

第 3 天：健行第 2 天

第 4 天：健行第 3 天

第 5 天：清邁→清萊（搭乘國內航線約 30 分鐘）

第 6 天：清萊→緬甸邊境→金三角→清盛→清萊

第 7 天：清萊市區

第 8 天：清萊→曼谷→仁川

| 旅遊資訊 |

● 清邁天氣

12 月至 2 月是當地的旱季，早上的氣溫大概都是 20 度左右。白天溫度多半會超過 30 度以上，不過由於旱季的溼度低，待在陰涼處會覺得很涼爽。建議白天帶一件長袖備用，早晚必須加一件比較厚的衣服來禦寒。

07
......

自駕露營車，
遨遊如詩如畫的南島

紐西蘭

The miraculous healing journeys of Ian

🎒 找回勇氣 | South Island, New Zealand

　　紐西蘭的南島（South Island）被英國 BBC 電視台選為「此生必去的 50 個景點」，這篇報導引起了我的注意。於是決定動身前往那個人類文明與自然和諧共存、不受人為破壞之美的南方島嶼。而且，我打算鼓起勇氣用特別的方式到這個特別的地方旅行。在南島，你只會看見兩種交通工具，而「露營車」（Campervan）便是其中之一，可見得紐西蘭是露營車的天堂啊。因此，我決定開著露營車遨遊紐西蘭。

　　露營車的規格分成 2 人座、4 人座和 6 人座，我租了 2 人座的 Britz 露營車（另稱為 Camping car 或 Motor Home，在紐西蘭常用簡化的說法「Camper」。車內有寢室、電視、洗碗槽、瓦斯爐、微波爐、冰箱、冷氣等基本的家用設備，簡直就是一棟移動式的公寓）。

第一個早晨，
睡在車門邊的羊群

　　我在基督城（Christ church）機場取了事先預約的露營車。行駛了大約 10 分鐘左右，冷清的車道上除了我的車，根本沒有其他車輛經過。車道兩旁是一大片碧草如茵的牧場，每一次的轉彎，眼前都會出現另一片樹林、河流以及山谷的風景。原本希望能在天黑之前找到營地，結果失敗了，我只好把露營車停在國道旁的一個牧場角落，度過在南島的第一個夜晚。

　　清晨起床後，因為想拍下日出美景，於是奮力打開了車門。那瞬間，我看見一群睡在車門邊的羊群。羊群嚇得一陣騷動，我也著實嚇了一跳。可能是因為露營車在晚上擋住了一些寒風，這群羊才會睡在車門邊吧。

　　我的手忙著不停按下相機的快門，想在羊群沒有被嚇跑前把牠們拍下來。紐西蘭的人口就算是南、北島加起來也不過 400 萬人，而放牧飼養的羊就有 5,000 萬隻，比住在這裡的人口還多了 10 倍。想起曾經有人開玩笑說：「紐西蘭的羊群多到讓你看不完」，我在旅行的第一天就親眼見識到了傳說中的羊群。

清晨遇見的大批羊群。

跨越亞瑟隘口，前往東海岸

　　亞瑟隘口（Arthur's Pass）是一條長約 220 公里、從南島的東邊到西邊的山路，從基督城橫跨坎特伯雷（Canterbury）平原一直延伸到西海岸的格雷茅斯（Greymouth）。以韓國來比喻的話，有點類似嶺東高速公路。只不過，這段山路沒什麼往來的車輛，也沒有像樣的休息站，但車道旁並列著觀光列車（Tranz Scenic Train）的軌道，可以看見奔馳的列車，是一條風景絕佳的山景路線。

　　我開著露營車，沿路盡情欣賞陡峭山壁和峽谷、河流、樹林構成的不受污染且清新的景觀。眼前是高原地帶，遠處則是聳立的雪山，形成無比壯觀的景象。紐西蘭的西海岸是連綿不絕的原始風貌，景色壯麗無比，是一個出乎我意料的粗獷而充滿野性大自然的海岸景觀。

　　我駕車越過山崖、經過平原、橫越山谷，繼續向前奔馳。還好海岸道路都種植了防風林，否則高速行駛的露營車恐怕難敵強大的海風而沿路搖晃。海風實在是太強了，我根本不敢把車窗打開。從南島西邊的霍基蒂卡鎮（Hokitika）再度往南行駛，終於到達位於法蘭茲·約瑟夫冰川（Franz Josef）的第一個假日公園（Holiday Park）露營區。紐西蘭南、北島的假日公園加總起來有數百個之多，其中有很多綠

地空間一次都足以容納 100 輛以上的露營車。

　　第 2 天我便在這樣的場地露營，廚房和餐廳、烤肉用具一應俱全，還提供無線上網。開露營車的遊客規定只能在假日公園丟棄廚餘和污穢物。假使在規定場所以外的地方丟棄這些東西就要被罰錢。我先把電和水接到車子上，接著清理車上的食物殘渣和污穢物。享受了舒服的淋浴之後，我發現這裡簡直就是天堂。

從南十字星到牛郎織女星

　　我用公園裡的烤肉用具烤了鮭魚，搭配紐西蘭生產的白蘇維濃葡萄酒（Sauvignon Blanc）作為晚餐。用餐時我不經意地和旁邊正在烤牛排的一對紐西蘭夫妻對看了一眼，彼此打過招呼便聊了起來。他們說自從夫妻倆退休後經常一起開著露營車旅行，對於星座頗有研究，聊到南半球和北半球星座之間的差異時，他們教我找出「南十字星」的方法。在南半球，南十字星是確認方向的基準，即這顆星所在的地方就是南邊。紐西蘭國旗上有英國國旗和 4 顆紅色星星，4 顆星即是南十字星、國旗的深藍色旗底代表南太平洋。可見南十字星對紐西蘭人而言別具意義。

　　我也跟他們分享牛郎織女星座的愛情故事，隔著銀河相

望的兩顆星，唯有每年 7 月 7 日才能夠相會，作為他們教我辨認南十字星座的回報。當我告訴他們，七夕那天，兩人相逢與離別的淚水會化作雨水滴落人間，他們露出驚奇神情問我，七夕那天是不是真的會下雨。

旅行，會讓你不經意的重新檢視那些再熟悉不過的日常事物。北極星圖、從小聽到大的故事，透過他人的雙眼，重新回顧那些原本不以為意、但確實會隨著節氣時刻變換的日常生活。你會從客觀的角度回頭看看已經習以為常的自己和固有想法。真有趣，旅行原來是這些奇妙經驗的串連啊。

漫步在冰河上，奮力跨越冰縫

我到市區的旅遊服務中心詢問關於法蘭茲‧約瑟夫冰河半日、一日健行行程的內容（當然也可以選擇搭乘直升機，從上空俯瞰冰河全景，不過，多數遊客會選擇徒步冰河的行程）。此名稱的由來是 1864 年首次踏上此地的地質學者哈斯特（Julius von Haast）以奧匈帝國皇帝的名字所命名。法蘭茲‧約瑟夫區有很多被冰河圍繞的山脈，冰河的長度大約有 11 公里，冰河地形更是此處景點的另一個特色，外觀就像是從山頂向大海墜落的感覺。據說山頂上的冰河是經過數億年的歲月移動到都市附近，換言之，冰河能夠像這樣推擠

到海拔 300 公尺處成形，是世界上少見的景觀。

我來到巨大冰河谷的入口，一行人下了遊覽車便跟著導遊進入冰河的最深處，來到神秘的冰世界。不需要導遊指引，大家的目光都自然的看向腳下冰河。跟在導遊身後亦步亦趨前進，發現有些地方已經修整出方便行進的路線，也有些地方已經做好了釘上把環、綁緊粗繩的安全措施。

邊走邊聽導遊的解說，偶爾不顧危險從冰縫（Grevasse）上跳過去，感受驚險刺激感。走了好一會兒，一行人不知不覺已經回到最初下車的地點。我留意到立在一旁「沒有專業導遊的陪同，請勿靠近冰河」的警告標語。聽說不時會發生自助行遊客在沒有導遊的陪同下，自己走在冰河上然後不小心掉進冰縫或是失足死亡的慘劇，那些人膽子真大啊。

朝南極靠近

駛經某個海邊，我將露營車停了下來，那裡的風強大得連防風林都被吹得倒向路邊。大海的另一端就是南極，總是一直想著不知什麼時候能去南極看看，我為自己煮了一杯咖啡，充當是離南極很近的旅行紀念。隨時隨地都能置身於咖啡館、餐廳、民宿，這是唯有露營車之旅才能有的奢侈享受。品味著一杯咖啡的悠閒自在，從南極吹來充滿海洋味道

的海風，與咖啡香結合，真是無以言喻的美好享受。

正當我忘情沉浸在咖啡香的時候，我突然覺得有點感觸。我想，任何人站在這沉睡數億年歲月的壯闊風景前，都會不由得肅然起敬。在南島，不管走到哪裡都能見到和南極有關的藝術作品或是有企鵝圖案的生活用品。距離南極如此之近，卻沒有切實的感受，但那是我來到這片面向南極的海邊之前的事。像這樣坐在岸邊眺望著對面的南極，忽然覺得好像只要跨過去就能踏上南極的土地。「呼，原來我已經來到這麼遠的地方了呀！」我在心裡想著。

世界第一的旅遊探險景點——皇后鎮

皇后鎮（Queenstown）因為有著美麗景緻而得其名，意味著「如維多利亞女王般優美的城市」。這裡既非國際機場所在地，也不是人潮擁擠的大都市，為何這樣一個人少、面積小的地方會成為世界級的觀光城市呢？如果沒有親自走一趟，你可能很難理解其中的原因。

瓦卡蒂普湖（Lake Wakatipu）不光只是景色優美，高 43 公尺的「卡瓦拉大橋」（Kawarau）橫跨湖邊的峽谷兩端，是高空彈跳運動的創始地。1988 年，世界上第一個高空彈跳運動在這裡商業化之後，至今已累積超過 50 萬人次記錄

（韓國電影《情約笨跳豬》就是在卡瓦拉大橋實地拍攝）。

　　現在依然可以看到人們站在橋上的高空彈跳平台，兩腿綁著極有彈力的繩子，大喊一聲「跳」後，往峽谷一躍而下的畫面，而挑戰成功的人可以得到一紙證明書。除此之外，皇后鎮上的「卓越山」（The Remarkables）和「皇冠峰」（Coronet Peak）是每個滑雪愛好者必去的夢幻滑雪場。在那裡只要花個幾千元就能一邊欣賞湖水和雄偉山脈上終年不融的雪，一邊悠閒地打高爾夫球。原本我以為應該都是些喜愛運動的人才會來到這裡，沒想到在皇后鎮享受運動樂趣的主要是從世界各地慕名而來的觀光客。

魔戒，顛覆紐西蘭

　　自從因為電影《魔戒》在此取景拍攝而變身熱門景點後，皇后鎮的知名度便扶搖直上。電影系列作改編自英國作家托爾金（J. R. R. Tolkien）於 1954 ～ 1955 年間發行的奇幻小說，以紐西蘭的大自然為背景來拍攝，在 2001 ～ 2003 年間上映，掀起全球一陣奇幻風潮。自從上映後，紐西蘭便擱置原本作為主力的酪農業，由觀光業取而代之。

　　執導這部電影的導演彼得‧傑克森出身紐西蘭，因為將祖國美麗的自然景觀發揚到全世界，促進了觀光產業發展有

功，而獲得紐西蘭政府授予騎士爵位，政府甚至為了支持創下驚人票房紀錄的《魔戒》拍攝續集而積極修正勞動法。多麼令人羨慕的故事啊！《魔戒》續集電影也都有不錯的票房，像《哈比人》、《納尼亞傳奇》、《金剛》也都是在皇后鎮進行拍攝。韓國男演員宋康昊主演的《南極日記》也據說拍攝場景並非在南極，而是在紐西蘭。包括電影和紀錄片的各種影像作品，之所以會選擇紐西蘭、尤其是皇后鎮為拍攝地點，想必是因為這裡同時擁有廣闊的草原和美麗的冰河地帶。不論相機鏡頭對準哪裡、每一個畫面彷彿都能直接出現在電影裡，紐西蘭就是這樣的完美國度。

擁抱兩座由冰河融化形成的湖泊，庫克山

開著露營車爬上蜿蜒曲折的山坡，在下坡路轉彎的剎那，眼前出現了偌大的普卡基湖（Lake Pukaki）和一座覆蓋著亮晃晃白雪的山峰。美到令人屏息的風景讓人心跳加速，不由得發出驚嘆。湖面上倒映著覆滿白雪的庫克山（Mountain Cook，海拔 3754 公尺），雪融化而成的冰河流入湖裡，把湖水染成了翠綠色。

從普卡基湖往基督城大約 1 小時車程，便看見前方的

特卡波湖（Lake Tekapo）。泛著湛藍色波光的這座湖同樣是歷經數千年的時間，由冰河匯集而成，湖水的色澤美如寶石。湖邊只種了幾棵樹，還有一間用石頭砌成、樸實小巧的教會，這就是著名的「善牧堂」（Church of the Good Shepherd）。看起來最多只能容納 10 個人左右的教堂，現在每週都還是有主日崇拜。我很驚訝原來這並不是展示參觀用的場所，也為教會的樸實外觀感到不可思議。它與特卡波湖非常相襯，整個場景好似是一幅清麗脫俗的東方圖畫。庫克山這座雪山環抱著兩面美如詩畫的湖，那雄偉的姿態稱得上是南半球的第一名山。即便擁有諸多夢幻風景的南島，庫克山那超乎現實的絕美景緻，只要看過一次，必定永生難忘。

白酒終結者，紐西蘭白蘇維濃

　　遊玩紐西蘭的樂趣不僅僅是飽覽自然美景。在這裡可以用低廉的價格品嘗到我平時就很喜歡的白酒，對我來說，用餐時間可以配一杯白酒是一種至高無上的享受。尤其是我喜歡的紐西蘭白蘇維濃，是喝得到紐西蘭酒特質的代表性品種。氣味香甜、清爽中帶點清涼感是這種酒的魅力所在，很適合用來搭配海鮮、雞肉、蔬菜、水果等一般常見的食物。如果有機會到白蘇維濃著名產地的馬爾堡

特卡波湖。

（Marlborough），我肯定會到雲棋灣葡萄園（Cloudy Bay）和蒙大拿（Montana）酒莊參觀。

　　紐西蘭葡萄酒的裝瓶方式，大部分是像寶特瓶一樣使用可轉開的螺絲帽（Screw Cap）瓶蓋，容易開瓶而廣受喜愛。紐西蘭葡萄酒比不上法國或是義大利的悠久歷史和傳統，也難以和智利的低價攻略相抗衡，因此他們積極運用「有機葡萄酒」來加強競爭力。我仔細觀察了紐西蘭酒瓶的酒標，有白雲、動物和植物等各種圖案，充分表現出紐西蘭人熱愛大自然的特質。

聽見大自然呼吸的聲音，
百分之百純淨的紐西蘭

　　「100% Pure New Zealand」（百分之百純淨的紐西蘭），這是紐西蘭政府用來吸引觀光客的行銷口號。純淨的大自然、在呼吸的土地，用來形容紐西蘭真是對極了。「清淨」、「Pure」這些用語是守護紐西蘭的生命線，因此對於輸入本地的農產品檢驗，比任何一個地方都要來得嚴謹。入境海關的時候，我的行李箱也被檢查得十分徹底，大部分遊客都會經歷這樣的入境程序。即便你包裝得再怎麼好，只要是食物類，通常還是會被沒收。入境管理相當嚴格，難怪紐

西蘭是少數僅存的無污染國家。此外，對內的管理同樣也很徹底。紐西蘭的乳牛幾乎都是在自然牧場放牧飼養。因為到處都有牧草地，所以並不需要餵食人工飼料。換言之，不用擔心會發生吃動物性飼料的家畜常見的狂牛症。

Kiwi, Kiwi Husband 以及情歌

當我在準備紐西蘭行程的時候才發現到，原來紐西蘭人還有另外一種稱呼為「Kiwi」。在我的認知裡 Kiwi 就是奇異果，而在紐西蘭，卻是只棲息於當地的一種稀有鳥類的名字，同時也是紐西蘭人的別稱。另外一個有趣的事情是，紐西蘭女性會把「丈夫」叫做「Kiwi Husband」。紐西蘭是世界上第一個賦予女性投票權的國家。而且早從 1893 年就有此制度，可見得紐西蘭女權的強勢。因此，紐西蘭有句玩笑話這麼說：家裡地位的順序是太太、子女、父母親、狗，最後才是「Kiwi Husband」。

和紐西蘭朋友聊天時，有時他們會幽幽地唱起：「當風雨交加的海浪漸漸平息，今天你會不會來，飛過這片海～」，後來我才知道，這首情歌原本是紐西蘭原住民毛利族的民謠《Po Karekare Ana》。這首歌意味著「永夜的友情」，據說是戰爭中敵對的一對年輕男女苦戀的悲傷故事。

明快的旋律述説著女方苦苦等待著永遠不可能相聚的情人，我在學生時代很喜歡唱這首歌，卻從來不知道背後有這麼一段悲傷的故事。

當身體出現疼痛，
首先要檢視自己的內心

我有一位病人 K 先生，比起一般人較晚進入研究所，某天他臉色蠟黃的來到診療室求診。因為複雜的家庭問題，與家人之間有嚴重糾葛，他苦於積鬱成疾、失眠、恐慌症以及憂鬱症的困擾，曾有過兩次自殺的企圖。他把之前求醫的處方，包括精神科用藥等一堆藥攤在我面前，我對他說：「治療固然重要，但是心態更重要。試著不要覺得自己是家族問題的受害者，你需要調整自己的心態並且加強自尊心。」

當身體出現問題，先別急著消滅疼痛，同時也要整頓自己的心態。此外，生活再忙也要挪出規律的時間來做自我檢視。就算是很短的時間，也要讓自己單獨去旅行，這是找回心靈自由的一個好方法。

旅行是克服自己並且得到勇氣的絕佳機會！

 旅行手札

紐西蘭南島

基督城

皇后鎮 　但尼丁

| 旅遊行程 |

第 1 天：仁川→基督城（租借露營車）

第 2 天：亞瑟隘口國家公園→
　　　　　霍基蒂卡→法蘭茲・約瑟夫

第 3 天：法蘭茲・約瑟夫冰河健行

第 4 天：哈斯特、傑克遜海灣
　　　　　　　　　　（Jackson Bay）

第 5 天：瓦納卡湖、皇后鎮

第 6 天：普卡基湖、特卡波湖

第 7 天：基督城

第 8 天：基督城→仁川

| 旅遊資訊 |

- 紐西蘭南島的面積是南韓的 1.5 倍、是台灣的 4 倍。
- 位在南半球，7 ～ 8 月是冬季，1 ～ 2 月是夏季。
- 時間比台灣快 4 小時（10 月到 3 月的日光節約時間期間則是快 5 小時）

| 班機 |

亞細亞航空或是澳洲航空（有規劃雪梨行程時）／新加坡航空（有規劃新加坡行程時）／紐西蘭航空（成田→奧克蘭）

編註：從台灣到紐西蘭通常需要轉機 2 次，可洽旅行社詢問。

| 行程準備 |

- 紐西蘭官方網站：www.newzealand.com
- 西岸大區資訊：www.westcoast.co.nz
- 中華民國外交部領事事務局相關頁面：www.boca.gov.tw/content.asp? Cultem=73

在紐西蘭買咖啡的時候，服務人員會問：「Black or White?」，Black 是指「美式咖啡」、White 是指加了牛奶的「拿鐵咖啡」。

紐西蘭的國球「橄欖球」：除了高空彈跳之外，紐西蘭還有一項人們熱愛的運動，那就是橄欖球。紐西蘭的橄欖球國家代表隊「All Black」人氣很高。因此，如果跟紐西蘭人談橄欖球的話題，很容易就能交上朋友。橄欖球比賽每 4 年舉辦一次，如果有幸能在橄欖球比賽期間到紐西蘭旅遊的話，建議你一定要去看看當地的球賽。

| 麥蘆卡蜂蜜 |

麥蘆卡蜂蜜（Manuka Honey）是取自紐西蘭東北部地區的麥蘆卡茶花樹的蜂蜜，具有獨特的香氣和口感。具有殺菌、抗菌的卓越功效，是被當作藥效食用的健康蜂蜜，紐西蘭原住民毛利族從很久以前就用來作為治療傷口和腹瀉的治療劑。

從醫學角度而言，麥蘆卡蜂蜜可抑制會導致胃炎的幽門螺旋桿菌，以及抗生素也無法有效治療的葡萄菌球，對於青春痘和皮膚炎等也有療效。有胃潰瘍或胃酸等症狀時，早上空腹喝一杯麥蘆卡蜂蜜茶能夠緩解症狀。可塗抹在傷口上作為消毒用途，冬天也可塗抹在乾裂的嘴唇上發揮保溼效果。

· · · · · ·

08

沉浸在藝術之城

維也納 & 布拉格

The miraculous healing journeys of Ian

新的希望 | Wien & Praha

世界上最適合居住的城市——維也納

　　奧地利首都維也納向來是世界上最適合居住的城市排行前 3 名。19 世紀時期，歐洲一些大城市因世紀恐慌而人口不斷減少，只有維也納的人口仍然持續在增加。對於喜愛古典音樂的人來說，這座城市是古典樂的聖地。經歷過帝國主義的國家，在藝術、文化及哲學方面普遍有極高的水準，並且會將這些領域的價值擺第一位，更甚於其他國家。

　　歐洲藝術與文化發展的燦爛程度，是忙於生存的開發中國家所無法想像的。維也納是帝王居住之地，更在過去數百年間作為各大帝國的首都。維也納位於歐洲中央位置的地理優勢，成為政治、經濟、文化、交通的中心，並且也是世界

知名音樂家輩出的古典音樂城市。

　　韓國有句俗語說：「馬到濟州，人到首爾」，在古典音樂風行的年代，人們認為在歐洲想要成為一名成功的音樂家，就必須前往維也納學習。古典音樂聖地這樣的稱號，對維也納是再貼切不過。莫札特、貝多芬、舒伯特、海頓……為了一睹這些音樂名家曾經存在的痕跡，讓我對維也納嚮往許久。

週日早晨，
由天使的合唱展開旅程的第一天

　　來到維也納的第 1 天，我在史蒂芬大教堂（Stephansdom）的早晨彌撒，聽著維也納少年合唱團的聖歌展開一天的序幕。維也納少年合唱團創團於 1498 年，前身是史蒂芬大教堂的兒童合唱團，至今仍然持續參與每週日的彌撒。音樂家舒伯特在童年時期曾擔任兒童高音；海頓直到 17 歲都是合唱團的一員；貝多芬是合唱團的伴奏；莫札特更是每日晨間彌撒的指揮。

　　除了維也納合唱團之外，更有維也納國立歌劇場管弦樂團的選拔團員和演奏家的參與，這樣的週日彌撒，就等於是欣賞了 1 小時極具水準的公演。為了一睹維也納少年合唱團

彌撒最後以重唱結尾的維也納少年合唱團。

的風采，我擠在一群想參加週日彌撒的遊客群當中等待入場。遊客之多，排隊人龍竟然排到了教堂前面的廣場。在彌撒開始之前，有人帶領我坐進教堂 2 樓的座位。彌撒在整個規程中莊嚴進行的時候，終於開始傳來維也納少年合唱團清亮的歌聲。小小的教堂裡，充滿了他們從教堂 2 樓後方詩歌班席流洩而來的純真明亮的歌聲。我閉上雙眼聆聽，這就是天使的歌聲吧。也許，在這些少年當中就藏著未來的舒伯特和海頓。

維也納深愛的天才，莫札特

莫札特逝世已經 220 年，但在維也納仍然隨處可見莫札特的蹤影。頭戴莫札特的假髮、穿著模仿他的服裝演奏著樂曲來吸引遊客的街頭藝人，充斥在市街的每一角，也有很多工讀生努力宣傳正在上演的莫札特舞台劇。莫札特故居（Mozarthaus）座落於史蒂芬大教堂後方，莫札特婚後帶著 2 個兒子在此過著幸福生活，歌劇《費加洛婚禮》（*Le mariage de Figaro*）也是在這裡創作的。雖然他只住在這棟房子裡短短 3 年時間，但幾百年來一直是維也納的著名景點。想想莫札特短暫的生命和他的名氣，這裡真可說是寶貴的遺產。

維也納的商店裡到處都看得到成堆的「莫札特巧克力」（Mozart-kugel），而在城堡花園（Burggarten）裡修剪成高音符的花圃中更立著莫札特銅像，是觀光客拍照留念的最佳地點。

即便只是站在維也納市區的街頭，也會讓人不自覺地哼起莫札特創作的音律。收藏於美泉宮（Schloss Schönbrunn）一幅莫札特正在為女皇瑪麗亞‧特蕾莎演奏的肖像，讓我想起一個趣聞軼事而微笑了起來。當時 6 歲的音樂神童莫札特，在王宮的「鏡廳」結束鋼琴演奏之後，對著坐在女皇膝上聆聽的小女兒瑪麗‧安托瓦內特求婚的可愛故事，那時女皇究竟是怎麼回答的呢？

金色的情慾，克林姆
以及生態建築家百水先生的城市

在維也納，隨處可見克林姆（Gustav Klimt）的畫作，難道這是維也納喜愛克林姆的證據嗎？貝爾維第宮（Schloss Belvedere）的《吻》、分離派展覽館（Sezession）地下室的濕壁畫《貝多芬橫飾帶》、藝術史博物館（Wien Museum of Art History）的「裝飾畫」，以及阿爾貝蒂娜博物館（Albertina）的裝置藝術「Drawing」等，克林姆的作品無所

不在。

尤其是上宮（Oberes Belvedere）裡面的「克林姆室」，大批人潮擠得水洩不通，只為一睹在昏暗照明下幾乎佔據整面牆的畫作《吻》，不難想像這幅畫作的名氣。女性的性形象、耀眼的金光以及華麗的色彩，在原作上透出更強烈的光芒。克林姆心目中的繆思──艾蜜莉（Emilie Floge）的身影，在他的作品中無所不在。畫中女子仿彿陶醉於愛河的神情是如此美麗，畫家自己想必同樣也是沉醉於兩人的愛情吧。

阿爾貝蒂娜博物館不只能令人想像沉醉於愛情的克林姆，也讓人回味起電影《愛在黎明破曉時》（*Before Sunrise*）裡每幕畫面，男女主角偶然同搭上橫越歐洲的列車「莫札特號」，原本要從巴黎經由維也納往返布達佩斯，兩人在維也納下車僅相愛一天便分離。徹夜未眠的兩人等待著終將離別的清晨到來，這場景就在阿爾貝蒂娜博物館。

漢德瓦薩（Friedensreich Hundertwasser）是一名畫家、建築師也是生態環境運動家，人稱「百水先生」。我站在他所打造的維也納藝術館（KunstHausWien）前，看著色彩繽紛的瓷磚牆、運用漩渦狀和曲線的建築外觀、爬滿藤蔓的外牆、造型奇異的窗戶，不禁心想：「這男人真是個鬼才！」沒想到內部更為驚人。曲曲折折的大廳地板和階梯、牆上的畫作等，全都和直線相去甚遠。除了這棟建築物以外，據說例如百水公寓（Hundertwasserhaus）、維也納焚化爐發電廠

（Fernwärme Wien）等由他打造的建築物都是像這樣線條圓潤、與自然合而為一的空間。讓藝術家盡情揮灑才華的同時，也將公共住宅和垃圾場這些地方變成美麗的生態空間，維也納果然是個熱愛藝術的城市。

　　如果自己居住的地方像這樣四處都能見到圓潤的線條，住在裡面的人想必也都會有顆圓潤的心吧。因為，環境會左右一個人的心態啊。

貝多芬的足跡，
海利肯施塔特和格林欽

　　據說貝多芬的一生搬過 80 多次家，從維也納坐電車大約 20 ～ 30 分鐘車程的海利肯施塔特（Heiligenstadt）鎮上，他就住過 3 個地方。走在海利肯施塔特鎮的林蔭步道，我覺得多少能夠理解是什麼促使他創作出《合唱》和《田園曲》。住在這個有潺潺溪流和蓊鬱樹林的美麗小鎮，就連一般人也許都會冒出湧泉般的音樂靈感，即興編出一小段歌謠。

　　在海利肯施塔特鎮的貝多芬故居玻璃櫃裡，展示著他生前留下的遺書。當時的他由於已經失去聽力，只能靠著支持者供給的生活費勉強度日，可想而知他當時的生活有多辛苦。

　　「那些不幸的人，也許會因為找到一個與他命運相似的

上：貝多芬住過的小鎮，黃昏下的格林欽。

下：海利肯施塔特鎮上某戶人家的玄關。

人而聊以安慰！因為這個人不顧上天考驗的種種障礙，為躋身於高尚的藝術家和傑出人物之列，做了他所能做到的一切。」寫下遺書後，他寫出了 9 首思念故鄉的不朽名作，當時他的心情應該是非常急迫焦慮吧？

在鄰近的格林欽（Grinzing）鎮上有許多新釀酒館（Heuriger，可喝到該年度新酒的酒館），我走進街上其中一家酒館點了一杯酒，小提琴和手風琴樂師在演奏輕快的民謠、華爾茲和輕歌劇。我想，我能夠理解愛喝酒的貝多芬之所以中意這個小鎮的原因了。貝多芬或許也在這個自由、愉悅而美麗的小鎮得到了心靈的撫慰吧。

喜愛古典樂，
永遠的中世紀城市

傍晚時分，為了現場觀賞威爾第的歌劇《唐・卡洛》（Don Carlo）我來到世界三大歌劇院之一的維也納國立歌劇院（Wien Staatsoper）。傍晚有公演的日子，歌劇院外面燈火通明，原本就美麗的建築因而更加光芒四射。打造出如此完美的建築之後，設計者卻因為受不住人們苛刻的批評而自殺（完工當時，許多維也納市民批評這棟建築的外觀有缺陷），真叫人不可置信。

我拿著預購的入場券進入歌劇院，一眼就看見大廳天花板上面的水晶吊燈，美得叫人難以忘懷。穿著得體的男男女女聚集在大廳。走在前往 2 樓的寬敞階梯上，我想像著曾在這裡擔任總指揮的馬勒、理查·史特勞斯以及卡拉揚的時代。

　　隔天晚上，我來到輕歌劇的專屬劇場──維也納人民歌劇院（Volksoper Wien）觀賞《納克索島的阿麗亞德妮》（Ariadne auf Naxos，理查·史特勞斯創作的首部歌劇）。觀眾席有很多穿著正式服裝的老夫妻。座無虛席的觀眾席上隱隱散發出高格調的悠閒氛圍。看來對維也納市民而言，歌劇是容易親近的愉快表演。這讓我打從心底羨慕起這裡的市民，有著與古典樂密不可分的生活。

獨樹一格的咖啡館，
以及咖啡文化

　　在維也納的傳統咖啡館，即便你在裡面坐一整天，也不會有人趕你或給你白眼。坐在有著一派悠閒氛圍的咖啡館裡，穿著燕尾服的經理和身穿吊帶的男服務生們莊重的為客人點餐、送上咖啡和蛋糕。

　　維也納的咖啡館歷史最早可追溯到 1685 年。17 世紀末，在歐洲的威尼斯、倫敦這些城市出現了咖啡館，後來傳

到維也納，受到當時帝王的喜愛，因而誕生了第一家咖啡館。此後開始衍生出獨特的咖啡文化，是 19 世紀維也納人流傳至今的生活文化。

一如維也納的咖啡文化具有悠久歷史，咖啡館也都相當具有古典風格。通常會開在具有歷史的挑高建築內，咖啡桌一定都是藍色大理石製成、坐墊是圓柱形的木頭。有許多藝術家與文人的發跡都與咖啡館相關。維也納的咖啡館不只是許多詩人、音樂家和畫家們激盪靈感的地方，連史達林和希特勒也經常出入消磨時間，至今有很多地方仍然以那個年代的風貌迎接客人。出名的程度可見於旅遊指南手冊裡，甚至於另有特別介紹咖啡館的地圖。簡單的說，維也納的咖啡館是市民的生活，也是歷史。

位於歌劇院正後方的薩赫酒店 1 樓的薩赫咖啡館（Sacher Café）也是其中之一。這裡的法式麵包店為首相研發出世界第一個切片蛋糕「薩赫蛋糕」（Sacher Torte，巧克力蛋糕），與咖啡同樣至今仍然深受人們喜愛。我想，應該很難再找到像維也納市民一樣喜歡咖啡、實際上也享受咖啡的族群（平時我比較常喝的「意利咖啡」（Illy）雖然是義大利的咖啡品牌，事實上開發者是奧地利的軍人。）

維也納的咖啡館和切片蛋糕以及咖啡文化，擁有星巴克模仿不來的歷史與品味。欣賞名畫之餘，到「藝術史博物館咖啡館」（Cafe Kunsthistorisches Museum）為激烈的感動畫下

完美句點，真是美極了，令人無法言喻。除了能品嘗到擁有傳統歷史的咖啡館「格斯特內」（Café Gerstner）製作出過去專為皇室享用的咖啡和蛋糕，還可以坐在華麗的圓形天花板下，悠閒觀賞黑色的大理石柱和拱門形的牆壁來消磨時間。

儘管比不上巴黎的華麗，
仍然有其自身的氣質和格調

　　不管走到維也納的哪裡，無處沒有音樂。街頭、餐廳和咖啡館裡，也都能聽見曾經佇足過的許多音樂家的音樂。即使沒能與偉大的音樂家們生在同一個年代，根深柢固的音樂文化也能夠讓人感受到他們曾經存在。生活中的文化體現並非能夠一蹴即成，而是年幼時期從父母親的身上自然而然受到潛移默化的影響。

　　環繞維也納舊市區中心長 4.5 公里的循環道路附近，包括歌劇院在內有很多大大小小的博物館以及美術館。人們隨時都可以利用這些設施，並且在藝術薰陶中生活。維也納人民之所以能夠具備蘊含氣質與格調的文化意識，多虧有先人積累至今的那些有形、無形的遺產。但如果沒有後代子孫努力保存那些寶貴的遺產，也許就不會有現在的維也納了。即便是曾經長期統治歐洲的哈布斯堡君主（Habsburger

Monarchie），應該也難以留下輝煌一世的足跡。

在擁有悠久歷史的禮堂
聆聽韋瓦第的《四季》

　　從維也納坐了 4 小時的火車來到布拉格。雖歷經多次戰爭卻不曾被擊潰而留存至今，保有著千年古都的風範。舊市區可以一次見到歐洲中世紀建築物多元化之美，是一個能夠讓遊客心滿意足的地方。在這裡同樣也能見到散布各個角落演奏音樂的人們，這些人穿著中世紀服裝演奏著史麥塔納、楊納傑克、德弗札克等名家創作的音樂，其實是在為晚上的演奏會宣傳攬客。這些出身自布拉格的音樂家鞏固了國家民族認同感，所以布拉格人對民族音樂家的喜愛其實是合情合理。

　　傍晚時分，我走過理查大橋（Charles Bridge）來到布拉格城堡，因為城堡裡面的聖喬治大殿（St. George's Basilica，又稱 Bazilika sv.Jiri。建於 920 年間，距今大約 1,300 年）有一場布拉格皇家管絃樂團的演奏會。這天剛好下著綿綿細雨，所以沒什麼觀眾。幽微燭光照明下，我坐在狹長的禮堂裡聆聽韋瓦第的《四季》全曲，感到一陣發自內心的感動，不禁令我發顫。

演奏會結束，我撐著傘走進充滿中世紀建築風格的「黃金巷」（Golden Lane）。經過卡夫卡的故居「No.22」後，回到布拉格市區，度過了美好的第一晚。

莫札特也非常喜愛布拉格。他在艾斯特劇院（Estates Theatre，又稱城邦劇院）第一次演奏《唐·喬望尼》（Don Giovanni），基於這個淵源，艾斯特劇院訂出一個特別時段專門演奏莫札特的歌劇詠嘆調。因為想看看這座劇院、聽聽演奏會，便看好了時間，傍晚來到劇院，這時有兩個聲樂家和演奏隊正在表演莫札特作曲的詠嘆調。不只是在維也納，莫札特在布拉格似乎也是後世音樂家得以仰賴的英雄。

新藝術巨匠，
遇見慕夏

其實，我來布拉格的主要目的，是為了到慕夏美術館（Mucha Museum）觀賞充滿感官意味、畫風獨特的捷克籍畫家慕夏的作品。在慕夏美術館可以看到他在巴黎時創作的海報，以及回到捷克所畫的富有民族色彩的畫作。從海報作品中女子所穿的衣裳和表情，可以看見慕夏輕柔而細膩的筆觸。

聖維特主教座堂（St. Vitus Cathedral）座落於布拉格城堡內，據說從 10 世紀開始建造，直到 21 世紀初期才終於完

工。其挑高的天花板和拱形的窗門十分壯觀，在這座教堂裡也有慕夏的作品，即是窗門上所裝飾的玻璃彩繪。仔細一看，確實和我之前看過其他教堂的玻璃彩繪技法完全不同。

並不是單純的馬賽克，根本是幅美麗的畫作。捷克國立美術館內也收藏了很多例如克林姆、席勒、莫內以及雷諾瓦的作品。

酸澀且濃郁的捷克傳統啤酒

捷克人對於自家啤酒的自豪，從捷克是全球啤酒銷售量最高的國家便可得知。在布拉格市區巷弄的小酒館裡，常見到擺一杯冒著滿滿白色泡沫的啤酒在面前談笑風生忘了時間的捷克人，傍晚時分找間人氣鼎盛的啤酒屋喝一杯是來到布拉格的樂趣。

販售由自家釀酒廠所釀造的啤酒的店果然很有人氣，店裡坐滿了當地人和觀光客，座無虛席。尤其是世界知名黃金啤酒的原創地比爾森（Plzen）的「Pilsner Urquell」最受歡迎。位在捷克波希米亞的比爾森水質好，生產很多口感極佳的生啤酒，具備了製作啤酒的絕佳條件，據說「Pilsner」是指「產自比爾森」的意思。

小酒館「U Zlatého tygra」（捷克語「金色老虎」）位在

理查大橋附近的赫斯法（Husova）巷裡面，同樣也是擠滿了觀光客和當地熟客，晚間營業時間一到，很快就座無虛席。

雖然外觀看來簡陋了些，但就連捷克前總統哈維爾在 1994 年都招待美國前總統柯林頓到這裡參訪，名氣可見一斑，可說是布拉格 Pub 的「始祖」。

來到布拉格旅行我才知道，原來美國百威啤酒的鼻祖是捷克的布德瓦啤酒（Budweiser Budvar），據說有個美國人在捷克喝了布德瓦啤酒之後，便回到美國創立了百威。

布拉格的夜晚，與JAZZ共舞

布拉格的爵士樂有著獨特的歷史背景。在社會主義時代，自由受到限制的情況下，爵士樂扮演著解放自由的角色。據說每年 11 月會舉辦盛大的「布拉格國際爵士節」，看來我又找到一個晚秋再來造訪布拉格的正當理由。在柯林頓訪問捷克時，因為一場即興薩克風表演而聲名大噪的爵士俱樂部「Reduta」，就位在捷克國家劇場附近，地點並不難找。

聽完愉快的爵士樂離開酒館的時候，可以順便欣賞倒映在河面上的布拉格城堡和查理大橋的夜景。在橫跨布拉格的伏爾塔瓦河（Vltava）上，報名「爵士晚餐遊船河」（Jazz

布拉格夜景

Boat Dinner Cruise）的遊客，可以一邊聽爵士、一邊欣賞美麗夜景，參加的觀光客比當地人還多。對我而言，布拉格是同時呈現出古典與爵士、藝術與建築之美，有如珍貴禮物般的一座城市。

擺脫失落感深淵的方向

有位病人 Y 先生原本在公司裡擔任專務，是典型的工作狂，突然有一天遭公司逼退辭職，自此之後便苦於缺乏運動、慢性疲勞、神經性高血壓、內臟型肥胖等疾病的困擾。尤其，在家裡覺得自己好像失去了身為父親和丈夫的地位，愧疚感和極度失落感讓他備受煎熬，最後決定來到我的診療室求助。

他真正需要的應該是暫時遠離熟悉的環境，找個時間冷靜地回顧自我及周遭事物。到維也納或是布拉格旅行如何呢？旅行結束之後的他，應該會帶著重新規劃後半場人生的新希望回來，但願他可以早點出發。

自己一個人的旅行，是一場擁抱人生新希望的寶貴旅程！

｜透過藝術，釋放大腦疲勞｜

現代人離不開電腦和智慧型手機，被時間追著跑與社會競爭而深感疲勞
的大腦根本沒有空好好休息。這種生活方式所造成的壓力容易引發大腦
疲勞，如果沒有即時解除這些疲勞，繼續累積下去的話，不但會導致免
疫力下降，自律神經的平衡也會受損。

疲於應付各種壓力的人們需要釋放大腦疲勞，最好的方法便是透過文化
藝術和運動來發洩壓抑的情緒。

畫畫、演奏樂器、唱唱歌、從事體育活動的效果是最好的，不過，看畫展、
參加演奏會、聽音樂也有助於精神心理的健康。

到維也納、布拉格這些旅遊景點，跟著藝術家的足跡走走也是個不錯的
方法。

在連接市區和布拉格城堡的查理大橋上演奏的樂師們。

 旅行手札

布拉格
•

捷克

維也納 •

奧地利

| 旅遊行程 |

第 1 天：仁川→維也納

第 2 天：維也納／史蒂芬大教堂、貝維德雷宮、百水公寓

第 3 天：維也納／藝術史博物館、海利肯施塔特、格林欽

第 4 天：維也納／歌劇院、歌劇院博物館、薩赫咖啡館

第 5 天：維也納／美泉宮、維也納郊外、維也納人民歌劇院

第 6 天：維也納→布拉格

第 7 天：布拉格老街

第 8 天：布拉格市區

第 9 天：布拉格→仁川

| 班機 |

大韓航空有仁川→維也納路線、布拉格→仁川路線的直飛班機。

編注：中華航空有桃園機場直飛維也納的班機、布拉格回台則尚無直飛的
班機，詳情請洽各大旅行社。

| 歌劇、芭蕾公演線上購票 |

● 維也納歌劇院：www.wiener-staatsoper.at（可選英語頁面）

● 維也納人民歌劇院（輕歌劇專屬劇院）：www.volksoper.at

| 相關影音作品 |

● The Philharmonics 的《維也納咖啡館音樂會──新維也納樂派編曲的
史特勞斯的華爾茲》：由維也納音樂愛好者組成的室內合唱團「The
Philharmonics」，位於維也納市中心、在 1880 年開張的「Cafe Sperl」表演的
影片，可同時感受到維也納咖啡館氣氛與約翰‧史特勞斯的華爾茲旋律的
清新氛圍（迎合溫馨的咖啡館規模與室內合唱團所編輯的影像作品）。

| 相關電影 |

● 《愛在黎明破曉時》／導演：李察‧林尼特／1995 年上映：描述美國青年傑西和法國女大生席琳在歐洲旅途中偶然相遇，只相戀一天的兩人同遊維也納的故事。在陌生的異國城市，年輕男女徹夜遊玩維也納並真摯談論到人生與死亡等主題。

| 推薦餐廳 |

● Kim Kocht：在維也納人民歌劇院附近，由口味擄獲當地人心的韓國廚師 Kim So-Hee 經營的餐廳，須事先預約。www.kinkocht.at

| 布拉格的爵士酒吧 |

● Ungelt ：布拉格代表性的爵士酒吧。位於提恩教堂（Kostel Panny Marie Před Týnem）的後面、施華洛世奇的左邊。晚間 9 點到深夜有現場演奏。www.jazzungelt.cz

● Reduta：位於特易購（Tesco）旁邊、國家劇院附近，在 Café Louvre 地下室（對面是肯德基）。www.redutajazzclub.cz

● U staré Paní Jazz Club ：高級爵士俱樂部。地鐵 A‧B 線 Mustek 站附近的 U staré Paní Hotel 內。www.jazzstarapani.cz

● 爵士晚餐遊船河：可以邊聽爵士樂，邊欣賞伏爾塔瓦河的周邊夜景。須事先預約。www.jazzboat.cz

09

·
·
·
·
·

布列塔尼鄉村小鎮
與羅亞爾河古城

法國

探索內心 | Bretagne & Loire, France

　　我有一對夫婦朋友 Milin 住在布列塔尼（Bretagne）。
Milin 先生在駐韓大使館任職領事的時候，我為久病不癒的
領事夫人治療了很長一段時間，一直到他們任期屆滿離開韓
國，因此建立了不錯的友誼。退休後的 Milin 夫婦回到故鄉
布列塔尼過退休生活，原本同住的女兒到美國念書，鄉下的
房子現在就剩下夫妻倆相依為命。

　　承蒙 Milin 夫婦的熱情邀請，正好手邊一些事情都塵埃
落定，可以帶著輕鬆的心情出國休息，我決定動身到布列塔
尼一趟。第一件事就是先買好機票，然後花些時間了解布列
塔尼相關的資訊。當我接觸了各種相關書籍和資料後，這個
有著強烈風格的國度讓我越來越感興趣，看來這趟布列塔尼
之旅是去對了。

狼狽不堪，
起飛39小時後抵達巴黎

　　出發當天，途經巴黎的旅程困難重重。我搭上從仁川起飛的阿聯酋班機，起飛後不久便沉沉睡去，在接近午夜時分被機內廣播吵醒。「各位乘客，我們即將降落仁川機場，請繫好您的安全帶。」我看了下腕錶，現在是清晨 5 點，原本大概再過 2 小時就要到達轉機站杜拜，怎麼會回到仁川！我以為是自己聽錯，立刻向機組員確認。原來是機體有問題必須回航，沒多久就要降落仁川機場了。

　　唉，必須趕緊打電話到原本預定要入住在雷恩市（Rennes）的飯店取消訂房，這居然是這趟旅行要處理的第一件事……，不禁覺得有點狼狽。旅行中常有很多突發狀況，往往都不在原定計劃之內，這一次我算是遇個正著。結果，只能在航空公司的安排下，先住進仁川機場附近的飯店，等待 24 小時再次出發，想不到是以如此窘境開始了我的旅程。

　　在飯店等待的 24 小時裡，我打電話到飯店取消入住的預約，接著再打電話通知住在布列塔尼鄉下小鎮普盧阿（Plouha）、殷切等候著韓國好友報平安的 Milin 夫婦。然後，我開始重新安排因為意外而整整少了 1 天的旅遊行程。

無法拿到搭飛機前托運的行李，身邊就只有隨身手提包，一切都變得很不方便。不過，還好我把旅遊地點的聯絡電話另外寫在備用手冊裡，順利聯絡了一些緊急的問題。24 小時後，終於真的要出發了。巴黎，我來了～

親切的布列塔尼居民

　　我從巴黎的蒙帕納斯站（Montparnasse）坐上法國高鐵，經過雷恩市到達聖布里厄（St. Brieuc），Milin 夫婦早就在車站等著我的到來。雖然有 5 年沒見了，但每年都會寄賀年卡和寫信，所以一見面那種熟悉的感覺，彷彿就像是昨天才剛見面。我們搭車一起前往 Milin 夫婦位在普盧阿鎮的住家，那是一棟擁有寬敞庭院的兩層樓房，很適合作為我這趟布列塔尼之旅的基地。我立刻放下行李，展開旅行。

　　來到普盧阿，第一個拜訪的地方是住在隔壁社區的 Milin 父母家，車程約 10 分鐘。從低矮圍牆可以一眼望進這戶人家的房子，小巧庭院裡有著美麗的花圃和樹木，是典型的布列塔尼式獨棟住宅。Milin 夫婦的親戚和鄰居正在裡面享用茶點，等待著從首爾遠道而來的客人。

　　我和在場所有的人一一行過法式招呼「Bisou」，之後找了一個位子坐下來。

Bisou 的意思是見面或分開時輕輕擁抱且互碰臉頰，然後象徵性的發出親吻般的「啾」聲響，這種法式招呼方式，即便是和第一次見面的人也很容易拉近彼此的距離。放開心胸接近對方，同時輕輕碰一下臉頰，感受彼此肢體的接觸，這個時候感覺到彼此的心更靠近。在韓國，別說是要好的朋友了，就連家人之間也很難有機會給對方一個擁抱。

Milin 的雙親為遠來的客人準備了香檳、葡萄酒、白蘭地、蘋果酒（Cidre，原產地在法國諾曼地，以蘋果汁為原料的發酵酒）等等，瞬間就擺滿了餐桌。老太太在廚房忙著製作可麗餅，當我說想要幫忙時，老太太欣然答應了。對我來說，這是親自動手做布列塔尼傳統食物的好機會。老太太在蕎麥粉裡加入牛奶、奶油、砂糖和香料攪拌在一起做成麵糊，舀起來薄薄的鋪在平底鍋裡煎熟。我問：「為什麼不用麵粉呢？」她告訴我，在過去很難取得麵粉的時代，布列塔尼的鄉下地方都是用蕎麥粉做可麗餅。這就是為什麼在布列塔尼至今仍然吃得到蕎麥粉可麗餅的原因。在煎成薄薄的可麗餅上放起司、火腿片和蛋，把薄餅的四角往內摺起來，就大功告成了。

老夫婦說可麗餅要配蘋果酒才美味，建議我喝點蘋果酒。布列塔尼在法國是有名的蘋果產地，所以人們喜愛蘋果酒勝過葡萄酒。布列塔尼的人們無法想像用餐時少了蘋果酒。所以，可麗餅這道美食當然要搭配蘋果酒一起享用才正統。

雖然 Milin 的雙親不會說英文，溝通起來有些困難，但他們很用心地為我準備美味食物，這種濃濃的人情味跟韓國的鄉下地方很像。

堅持固有的語言與傳統

Milin 的雙親在和親戚聊天的時候，我聽到法語之外的另一種語言——布列塔尼語（Brezhoneg）。這是歷史上還不屬於法國領土的時期所使用的語言，人們將布列塔尼共和國時期的語言傳承到現在。由於完全不同於法語，其他地區的法國人應該也很難聽得懂。如果以韓國來比喻的話，大概是類似濟州方言。語調或是用詞、句型等也全都不一樣，濟州方言對首爾人來說，就像是聽不懂的外國話一樣。在布列塔尼旅行，也不時可以見到同時標註法文和布列塔尼文的道路指示牌，讓我深深感受到，雖是法國的一部分，卻仍然保留著自身特有語言、文化與傳統的布列塔尼人的堅持。

聽說 Milin 夫人在回到故鄉之後，開始學習布列塔尼的傳統樂器「布列塔尼風笛」（Biniou）。布列塔尼風笛是風笛的一種，外觀與蘇格蘭風笛類似。由於現今布列塔尼地區的居民是居爾特人（Celt）、羅馬人以及從英國移民過來的布里多尼人的後代子孫，傳統樂器也同樣受到影響。

布列塔尼風笛的課程以有興趣學習的人為對象，每週兩次在鎮上的會館上課。Milin 夫人加入了同鄉會組成的樂團，相當努力的學習，因為她希望能夠在夏天舉行的布列塔尼地方慶典上表演。Milin 先生家的客廳裡，掛著一張她穿著民俗衣裳、在樂團最前面邊行進邊演奏風笛的照片，在她的身後還有被稱為邦巴管（bombarde）的民俗橫笛、居爾特豎琴和鼓等樂器。

布列塔尼，
擄獲人心的國度

我與 Milin 夫婦去了一趟聖米歇爾山（Mont Saint Michel）。雖然看過不少聖米歇爾山的照片，然而實際上親眼見到才知道有多麼不可思議。山頂上的聖米歇爾山修道院彷彿是一座從海底隆起的魔法城堡，教堂神秘的氛圍震攝人心。聳立在花崗岩上的獨特地理位置令人嘖嘖稱奇，天主教堂的建築外觀也十分美麗。大清早就已經湧入大批人潮，迫使我們只好停車徒步走上去。遊客之多，必須得從入口處就開始排隊。進入城堡之後，要經過狹窄的巷道和商店走很久才能到天主教堂，和喧鬧的城外世界相比，教堂內部和庭院卻是寧靜而肅穆。

從聖米歇爾山回程途中，我們從聖馬洛（St. Malo）出發，打算到康卡爾（Cancale）吃午餐。這裡素有「翡翠海岸」之稱，是一個以淡菜和牡蠣養殖聞名的漁港小鎮。當海水退潮的時候，牡蠣苗會附著在養殖槽裡的石灰旗上面開始生長，9個月後就可以生產新鮮的生蠔了。想當然午餐的主菜是淡菜和生蠔，以蘋果酒和白酒搭餐，品嘗美味的午餐並分享聖米歇爾山帶來的感動。

　　印象派畫家高更（Paul Gauguin）摒棄因為產業化而逐漸荒廢的城市、渴望充滿野性而原始的大自然，他透過繪畫表達出布列塔尼不假修飾的樣貌，即樸實而不受污染的人們及其純樸生活。高更曾於布列塔尼的小鎮阿凡橋（Pont-Aven）短暫居住過，完成了《布列塔尼婦女》、《黃色的基督》等許多以布列塔尼風景為背景的畫作。

　　以玫瑰色花崗岩形成獨特風光的布列塔尼海岸，不論是誰都會想要拿起畫筆來留下此刻的美麗景緻。此外，最引人注目的是看來十分健朗的布列塔尼婦女。康卡爾從過去一直以來都是從事漁業，即便是女人也不得不出去工作。從沙丁魚工廠工人到碼頭雜工、修補漁網、修理毀損船隻、到大城市買魚等幾乎所有事情都是由女人一肩扛起，也許就是這個緣故，這裡的婦女不管是年紀大小，都有著勇敢、健朗的氣質。迎著海風，髮上飄逸著蕾絲髮飾的布列塔尼婦女形象，令人留下相當深刻的印象。

我在這裡彷彿也看見了濟州島婦女靠著當海女，努力扶養一家子的強韌生命力。

聖地牙哥朝聖的起點，
鹽巴的盛產地──給宏德

我來到位於普盧阿西邊的潘波勒鎮（Paimpol），參觀建造於 1202 年的博波爾海濱修道院（Abbaye Beauport）。這裡滿地綻放著惹人憐愛的花田，也看得到悠久歷史的歲月痕跡，是一個寧靜而美麗的地方。

從這座修道院到西班牙的聖地牙哥康波斯特拉（Santiago de Compostela）的這段距離便是著名的「聖地牙哥康波斯特拉朝聖之路」，總長約 1,800 公里。從中世紀時期便與耶路撒冷、羅馬稱為三大聖地。從這座修道院沿著那條路抵達聖地牙哥康波斯特拉的人究竟會有多少呢？朝聖之路終點站的聖地牙哥康波斯特拉，並不那麼熱鬧喧嘩，反而安靜得令人意外。

修道院裡處處盛開的繡球花讓人印象深刻，在法國，據說這裡是繡球花開得最美的地方。

往布列塔尼南邊的海岸會看到一大片的給宏德（Guerande）鹽田。這裡是世界最頂級的海鹽「鹽之花」

上：博波爾海濱修道院。

下：潘波鎮上具有 1,300 年歷史的教堂。

（Fleur de Sel）的盛產地。精鹽（氯化鈉）吃起來死鹹，但是未經過精製過程的海鹽卻富含鐵、鎂、鈣等礦物質，不但滋味甘美，風味也勝過一般的精鹽。

擁有天然鹽田的給宏德在生態環境的保存上相當良好，而鹽田的形狀也都各異其趣。由於完全不同於韓國四四方方的鹽田，所以格外引人注目。

在海鹽產地當中，給宏德的鹽之所以出名，除了是天然的鹽田之外，這裡的季風也有助於鹽的乾燥。我想，更重要的是法國積極保存自然生態地區的努力，才得以持續保有這樣的名聲吧？現在我開始有點明白，受全世界肯定的法國料理以使用未經精製化的灰色蓋朗德海鹽為傲的原因了。

前不久我應邀在某食物月刊專欄撰寫一篇文章，他們希望我能夠在新年特輯上介紹一些為了健康必須改變的飲食習慣，於是我以「一定要挑選礦物質豐富的鹽，請使用海鹽」為主題寫了文章。

新聞曾經報導過一份研究報告，說韓國新安郡生產的海鹽所含的鎂、鈣等礦物質成分是給宏德海鹽的兩倍。我們居然長久以來都把如此珍貴的食品當作是礦物而忽略。想想真是慚愧，竟然不知道世界級的寶物就在我們自己的手裡。

羅亞爾河古城巡禮與城堡飯店，
以及羅亞爾河葡萄酒

　　我跟 Milin 夫婦道別後上了火車，下一個目的地是羅亞爾河（Loire）古城行程的起點——圖爾（Tours）。我打算自己開車沿著羅亞爾河邊的國道開往布洛瓦（Blois）。由於整條路是沿著河邊一路延伸，根本不需要看地圖，況且古城附近一定有觀光客，所以很輕易就能找到古城的位置。

　　羅亞爾河是法國境內最長的河流，沿岸流域有著低矮的山坡和美麗的支流，以及許多被列入世界文化遺產的古城和羅亞爾葡萄酒，可盡情飽覽富含法國風情的景緻。中世紀王族和貴族以羅亞爾河為中心，在河谷之間開疆闢土，因此有特別多壯麗的城堡座落於此。此外，據說由於腹地廣大且有很多茂密的樹林，歷代國王都喜歡來到這個離巴黎不遠的地方來享受狩獵之樂。直至今日，這裡仍然保有著美麗樹林以及古城建築，一如以往。

　　羅亞爾河流域一帶的古堡有：亨利二世原本送給情婦黛安娜的雪儂梭堡（Château de Chenonceau），王后凱瑟琳在他死後將城堡改造為柔美風格、據說是由達文西所設計的雄偉壯麗的香波堡（Château de Chambord）、達文西應法蘭索瓦一世之邀前來設計香波堡卻客死異鄉而安置遺骸的昂布瓦

斯堡（Château royal d'Ambois）、被王后趕出王宮後的情婦黛安娜後來住進了紹蒙堡（Château de Chaumont）等，以一種旅行中世紀法國的心情，所有的古堡我都參觀了一遍。

我在昂布瓦斯堡的附近，參觀了偉大天才達文西晚年住了 3 年的住所改建的紀念館「克羅綠西大宅」（Manoir du Clos Lucé），欣賞他親手畫的素描和畫作以及縮小模型和發明物，作為這天的結尾。一天的時間好像一晃眼就結束了。

入住城堡是這次旅程中我最期待的事。出發之前參考不少資料，好不容易預約到「盧瓦爾河高貴莊園飯店」（Domaine des hauts de Loire），飯店位於圖爾東邊的翁贊鎮（Onzain），距離布盧瓦並不遠。據說建造於 1,860 年，起初是貴族們到此狩獵時的休息所，後來才改建為提供住宿的四星級飯店。

從馬路進入大門後，又開了很長一段林蔭大道才抵達飯店，和我想像中的樣子完全一樣。爬滿藤蔓的外牆、偌大的庭院、噴泉和游泳池，隨處聽得見悅耳鳥鳴聲，中世紀歐洲貴族的度假地應該就是這個樣子吧。我走進得過米其林二星的飯店本館 1 樓餐廳，點了羅亞爾河流域布戈憶產區（Bourgueil）的白酒和晚餐，自己一個人慢慢享用了 3 個小時。羅亞爾是法國八大葡萄酒產地之一，包括普依・芙美（Pouilly-Fumé）的不甜白酒、適合搭配生蠔與蛤蜊等海產的蜜思卡得（Muscadet）白酒、松塞爾（Sancerre）和梧雷

（Vouvray）以及安茹（Anjou）的粉紅酒，沒有一個地方是不出名的。

羅亞爾葡萄酒是趁尚未熟成的時候飲用，價格親民且口感清爽，以夏日葡萄酒深受歡迎。大部分的巴黎餐廳都會提供這種酒，不過我覺得在羅亞爾喝的葡萄酒卻格外香甜。在餐廳用餐時，在不須擔心荷包負擔的情況下，愉快地享用一杯由服務生推薦價格合理的當地葡萄酒，我想，這樣的小確幸就是旅行的美妙所在吧？

蒙馬特藝術家的寄身之所，狡兔酒吧的浪漫

狡兔酒館（Au Lapin Agile）開設超過 150 年歲月，滿足了曾經停留蒙馬特（Montmartre）的無數位畫家和藝術家的靈魂與渴望，這裡隨時都在吟誦詩詞、高聲歌唱，以及充滿喧嚷的說話聲和令人陶醉的美酒。畢卡索、莫蒂里安尼、羅特列克、薩堤、法國著名女歌手艾迪特·皮雅芙等享譽藝界的世紀畫家與音樂家們，都曾經在此流連忘返。可惜的是它晚上 9 點才開始營業，而我因為擔心深夜回程的路不安全，所以不敢待到太晚。儘管如此，待在那家店的時間卻是讓我感受到巴黎的夜晚與香頌的珍貴時光。

巴黎的香頌酒吧——狡兔酒館。

店內表演的內容很簡單。在昏暗室內，隨著鋼琴伴奏由一位或幾位歌手獨唱或是合唱香頌。沒有麥克風設備，只有歌手們純粹的歌聲在空氣中飄盪的香頌舞台，是這個時代難得一見的樸實卻又浪漫的表演。畢卡索有一幅畫《狡兔酒館》（1905 年作）正是描繪這家他經常來消磨時間的酒館。我想，他是把對於自己對於這家酒館的情感融入畫作裡了。

凡爾賽宮，
楓丹白露樹林以及巴比松畫家村

每一次有機會到巴黎來的時候，總想著一定要去凡爾賽宮看看，卻總是未成行。法王路易十四在僅僅 5 歲時便登基，但一直等到成年禮之後才得以脫離母親的攝政而親自統治。為了確立權力而在 1682 年於凡爾賽打造了一座雄偉王宮，這是我在學生時代的世界史課堂上早已經熟悉的故事。

這一次我終於有機會好好的參觀凡爾賽宮。親眼目睹了傳聞中的這座王宮，我想多少可以猜測到當時的路易十四擁有多麼不可一世的權力。那宏偉的外觀自不在話下，當我參觀華麗的內部裝設與傢俱以及驚人面積的庭院，同時腦海裡回想著「太陽王」路易十四的故事。每天有 6,000 人以上的貴族嚴守王宮禮節隨侍在側的路易十四，將凡爾賽宮作為鞏

固權力的強大政治工具，當我走進極盡奢華的「鏡廳」，不由得再次想起路易十四的霸氣。據說直到法國大革命發生之前都還在持續修整宮殿，這也意味著隨著國王越來越強大的權勢，動員了全國上下的人力並耗費國家的財產。

從巴黎到阿封車站（Avon）坐火車，只須約 1 小時左右車程，眼前看見了有如童話般景色的楓丹白露（Fontaine-bleau）森林。楓丹白露森林從中世紀以來就是王宮貴族的狩獵場地。來到巴黎旅行如果覺得很疲勞或是想要舒服的散散步，楓丹白露森林會是很棒的一帖良藥。

尤其是從楓丹白露延伸到畫家村「巴比松」（Barbizon）的林蔭大道，在法國頗具盛名，果然是一個寧靜又可以悠閒放鬆心靈的憩息地。畫家們將這裡自然的神秘放進畫作當中。馬奈（Edouard Manet）在這裡完成了《草地上的午餐》、盧梭的《楓丹白露森林》，還有米勒也在這裡完成了世界知名的《拾穗》、《牧羊女與羊群》、《晚禱》等。

此外，在楓丹白露森林裡有一座為前來度假的王宮貴族建造的楓丹白露宮（Chateau de Fontainebleau）。雖然比不上凡爾賽宮的華麗，但被大自然環繞的景色更為迷人。

尤其，喜愛藝術的法蘭索瓦一世招聘一群義大利藝術家長居此地，並且支援他們的創作活動，在王宮裡面的「法蘭索瓦一世畫廊」可以看到當時的藝術作品。

在凡爾賽宮入口處等待客人的馬車與車夫。

在最靠近大自然的地方
傾聽自己的心

　　到布列塔尼、羅亞爾以及巴黎近郊旅行的時候，原本我以為會在藝術品或是美術館耗上大半時間，實際上反而花最多時間在獨特的海邊風光和河岸風景以及巴黎近郊的綠地逗留，有一種非常靠近「大自然」的感覺。

　　20多歲的 L 小姐內向不多話。從國、高中開始就成了慢性機能性胃腸病患者，至今已有超過 10 年的時間都必須仰賴消化劑才能生活。當我開立處方給她的時候，我另外多加了一個生活處方，那就是建議她每次飯後散步 30 分鐘。

　　如果她能在布列塔尼的海邊散步、看看夕陽下的聖米歇爾山、在羅亞爾古堡和楓丹白露森林感受悠閒氣氛，並且靜靜傾聽自己的心以及默默承受痛苦的腸胃。因為，她的腸胃必定是為了承載她隱忍的不滿或憤怒的情緒，而一直處於痛苦的狀態。

　　當她能夠擁抱大自然、學會傾聽自身內心的時候，也許折磨她已久的疾病會像初雪融化一樣的自然消失。

法國人的體質

　　「法國人會是哪一種體質呢？」在法國旅行的時候，我的職業病讓我忍不住思考這樣的問題。以韓國為例，比方說，首爾人以外表看似溫馴柔弱卻外柔內剛的少陰人居多（註），慶尚道和忠清道人則是粗魯而保守粗線條的太陰人居多，全羅道人則是重感情、坦率而善於適應變化的少陽人居多。從這樣的角度來看，在法國可以從所有的藝術類型強烈感受到視覺的美，因此，法國人是否比較可能是視覺美感敏銳且忠於情感的藝術體質的少陽人居多呢？

　　如果要傾聽自己的心，就到最接近大自然的地方去旅行吧！

編註：根據朝鮮時代的李濟馬醫師提出的「四象醫學」，將人分為以下四種體質：
1. 太陽人：肺大肝小，呼大吸弱。肩與胸廓寬大，頸背厚但腰小，下肢瘦弱，體型呈倒三角形。
2. 少陽人：脾大腎小，腎臟排出的功能較弱。前胸廓與胸肌發達但臀小，呈漏斗狀。性急，吃多但不胖，常見排便不暢與胸悶、坐不住的現象。易有熱性病症，睡不安穩且不沉。
3. 太陰人：肝大肺小，呼弱吸強。腰大，呈正三角形。食慾旺盛，較肥胖且易流汗。外表看來和善但陰險。易得代謝性的疾病，如糖尿病。
4. 少陰人：脾小腎大，脾臟受納不佳。較瘦小但臀大，外表柔弱偏女性化，個性內向，交友情深。食慾不佳，挑食且消化不好，容易泄瀉，屬寒性體質，不易出汗，一出汗會很疲倦。（摘文自中國醫藥大學官網 www2.cmu.edu.tw/~cmu4c/2009/epaper/4c.php?id=29&aid=30，撰文者：學士後中醫學系 鄭國亨）

| 礦物質豐富的健康鹽——海鹽 |

被人體吸收的鹽分會轉化成鈉和氯，進入血液、消化液、組織液當中調節滲透壓、酸度或是調節神經、肌肉的興奮程度。對人體來說，鹽是生理上不可或缺的物質，如果缺少鹽分，人就無法活下去。

鹽的成分當中，鈉對血液和細胞液來說是最重要的電解質，當我們流太多汗水或是腹瀉嚴重，若沒有即時攝取鈉，容易導致脫水而危害生命。

現代人習慣都食用精製鹽，不過，精製鹽在精製過程中已經流失礦物質，而形成鹽化鈉的含量提高。相反的，未經精製化的天然鹽，也就是海鹽，則是豐富的礦物質仍然保持活性、鹽化鈉含量低，較少鹹味而多了甘甜，調理食物時能夠更添風味。

經過傳統方式從海邊的鹽田收獲的「土板鹽」是等級最好的，這種土板鹽在經過 3 ～ 5 年的時間使其自然熟成，等待造成苦味的鹵水成分自然蒸發的「熟成土板鹽」為優質的海鹽。韓國不需要進口其他國家的優質鹽，因為全南新安郡的海鹽就已經足夠了。與世界任何一個國家的海鹽相比也毫不遜色的優質鹽就在身邊，又何必非要從國外進口呢？

旅行手札

聖馬洛
• 巴黎
聖米歐爾山
布列塔尼•
雷思
• 羅爾亞古堡區

法國

| 旅遊行程 |

第 1 天：仁川→杜拜→巴黎／巴黎→雷恩→普魯阿

第 2 天：聖米歐爾山、聖馬洛、康卡爾

第 3 天：潘波鎮、給宏德

第 4 天：雷恩→圖爾（火車）／圖爾市區

第 5 天：圖爾→翁贊（租車）

第 6 天：翁贊→普魯阿→圖爾（返還租賃車）

第 7 天：圖爾→巴黎（火車）／凡爾賽宮

第 8 天：楓丹白露森林／離境

第 9 天：抵達仁川

| 其他資訊 |

● 位於羅爾亞區翁贊鎮的城堡飯店 Domaine des Hauts de Loire：地址：79 Rue Gilbert Navard, 41150 Onzain, France ／ domainehautsloire.com/en/

● 吃得到傳統 Fouaces（普魯阿傳統美食，用火爐烘烤而成的麵包）的餐廳 Comme Autrefouee ／ www.commeautrefouee.com

● 狡兔酒館：週二～日晚上 9 點營業（週一公休）www.au-lapin-agile.com

10
·
·
·
·
·

接納異己，和諧共處

西班牙·安達露西亞

懂得包容 | Andalucía, Spain

　　據說安達露西亞（Andalucía）是最具有西班牙風情的景點，想要感受真正的西班牙就一定要到安達露西亞。我懷抱著此生絕對要去一趟西班牙的夢想，為了一睹真實西班牙，決定到安達露西亞一償宿願。

　　一般而言，人與人之間的糾葛只要願意各讓一步，就有可能相互理解和包容。然而，一旦有宗教介入就完全不一樣了。想要輕易的讓步、理解和包容是不可能的事情。很多時候人們會打著宗教之名，做出難以置信的行為。

　　安達露西亞曾經受到阿拉伯帝國統治 800 年，因為有此特殊的歷史背景，因而保有猶太教、伊斯蘭教和天主教共存的獨特文化與宗教氛圍。安達露西亞人在歷史上迫於掌權民族所信仰宗教的優勢，而將一個空間同時作為穆斯林寺院及教堂，也可想而知從過去便不斷地包容不同的宗教信仰。

清真寺與天主教堂共存的空間

　　位於西班牙西北方的馬德里，2 月的太陽十分炙熱。機場裡大多是矮個子、黑眼珠、黑頭髮的人，眼神中充滿著浪漫情懷。從馬德里機場搭乘高速列車，花了 2 小時便抵達科爾多瓦（Cordoba）。科爾多瓦在過去曾經引領歐洲最前衛的文化，文藝復興時期它更是促使重新發現古希臘與羅馬文化的源頭，儘管最初是由古羅馬建立的城市，在 10 世紀的全盛時期，卻成為全世界伊斯蘭教徒的朝聖之地。

　　從科爾多瓦火車站走到外面，感受到這個身為全世界伊斯蘭文化重鎮的氣勢。我會把科爾多瓦列為第一個景點的原因，正是為了親眼目睹這座了不起的城市。尤其，伊斯蘭文化當道的那個時代，天主教與猶太教、伊斯蘭教和平共存的社會讓我感到很不可思議。被聯合國列為世界文化遺產的舊猶太人街（La Juderia），在彎彎曲曲的巷尾矗立著具有代表性的科爾多瓦主教座堂（Mezquita de Córdoba，西班牙語的「清真寺」）。

　　科爾多瓦主教座堂規模宏大，一次可容納 2 萬 5 千人，最初是供奉阿拉真神的清真寺，是一個有許多樑柱的美麗建築，13 世紀時天主教勢力收復此地，重新在清真寺中央建造教堂，形成了伊斯蘭教和天主教同在一個屋簷下的特異結

科爾多瓦主教座堂裡有許多清真寺的樑柱。

構。清真寺與天主教堂是同棟建築，實在是妙極了。在這座巨大的伊斯蘭教寺院裡竟然增建了教堂。寺院裡有 850 根利用大理石、花崗岩、碧玉、石英建造的圓柱，以及有著紅白相間條紋用於支撐的拱門，讓我有進到一個特別空間的感覺。

不但沒有摧毀巨大的伊斯蘭寺院，而是在保持原貌的狀態下增建教堂，這裡就像是一次能飽覽穆斯林寺院、羅馬式、哥德式及文藝復興式建築的百貨公司。正是由於他們包容異己、保存古蹟不加破壞，今日才會有無數遊客來到這裡，只為一睹這座科爾多瓦主教座堂，因為這是在其他地方絕無僅有的寺院兼教堂。

促成歌劇《卡門》與小説《唐吉訶德》

法國作家普羅斯佩·梅里美（Prosper Mérimée）的小説《卡門》也是以科爾多瓦作為故事背景。卡門背棄唐·霍賽與鬥牛士盧卡斯私會的鬥牛場雖然已經移址，不過，我相信應該還是有無數個現代卡門在這個鬥牛場與她們的新戀人享受約會。

經過舊猶太人街，可以看到西班牙作家塞萬提斯曾經投宿在位於小馬廣場（Plaza del Potro）旁的小馬客棧（Posada del Potro），並寫下小說《唐吉訶德》。我坐在廣場一隅的咖啡館啜飲著咖啡，想像 4 百年前塞萬提斯坐在這個地方構思寫作的模樣。

在音樂城市塞維亞觀賞佛朗明哥

16 世紀是塞維亞（Sevilla）文化發展的全盛時期，在文學與音樂領域都綻放出燦爛的花朵。因此，塞維亞也經常成為歌劇的素材。比才的《卡門》、羅西尼的《塞維亞的理髮師》、莫札特的《費加洛的婚禮》、威爾第《命運之力》等超過 25 部以上的歌劇皆以塞維亞為背景搬上舞台。

雖然塞維亞是以古典歌劇著稱的音樂城市，然而，這裡更為人所知的是吉普賽人以哀怨歌舞表達悲傷與怨恨的佛朗明哥舞（Flamenco）。市區裡約有 8、9 間「塔布拉歐」（Tablao，表演佛朗明歌的劇場式餐廳），其中我選擇走進歷史最為悠久、位在西班牙廣場的「Los Gallos」。

我買了入場券，費用包含一杯飲料，找了個位子入座。然後，出現一位女舞者、兩位吉他手和一名歌手站上舞台。隨著強烈的吉他旋律，歌手哀怨的吟唱著，雖然聽不懂內容，但哀戚的歌聲讓聽者彷彿連靈魂都跟著悲傷起來。

這時，女舞者一邊踩著舞步一邊拍手，開始投入感情，

展現熱情而妖艷的舞蹈。當舞者以高傲表情與曼妙身段隨節拍揮動裙擺、激烈扭腰時，吉他彈奏也跟著進入高潮，歌聲也轉變成吶喊或怪叫或哭喊，充斥著整個空間。當歌手配合舞者的手腳動作助興地高喊「Olleh！！！」，台上台下氣氛瞬間融為一體。

佛朗明哥原來並不單純只是一種「舞蹈」，而是在舞台上同時展現歌聲和舞蹈、音樂和拍手以及助興和聲的多元藝術。塞維亞的夜晚因為佛朗明哥舞而顯得更加有趣。

入境隨俗，
跟著西班牙人調整生理時鐘

來到塞維亞才真正感受到西班牙人的夜晚。西班牙人好像都不能太早回家似的，天天享樂到深夜。除了賣 Tapas（將肉類、海產、蔬菜、起司、橄欖等食材做成清爽簡單的開胃菜）的餐酒館以外，正規餐廳最早也要到晚上 9 點才開始營業。晚餐時間幾乎都是到了午夜時分才會慢慢收場，結束後人們還會到營業到清晨的 Pub 或是酒館喝一杯才回家。

我觀察了西班牙人的用餐次數，幾乎所有人都是一天 5 餐。正餐之間還會吃一些簡單的開胃菜，量雖不多，一天下來能吃上好幾頓。早上 7 點以麵包和咖啡當早餐，到了

11 點簡單吃些三明治，下午 2 點開始才是午餐時間，他們會像國王用餐一般，好整以暇的吃上 2 小時。午餐過後如果天氣太熱（塞維亞的 7 月溫度甚至會高達攝氏 43 度），工作效率會變差，所以小睡 2、3 小時左右，傍晚 6 點下班路上會找家酒吧，喝杯小酒配開胃小菜當作點心，然後等到晚上 9 點才開始吃晚餐。

對於從不吃零食、三餐規律少量進食的我來說，西班牙之旅的首要任務便是儘快把自己的生理時鐘調整到當地人的作息模式。來到西班牙若想吃一頓正常的晚餐，我就必須在平常是準備進入夢鄉的晚上 10 點鐘坐在餐館用餐。入境隨俗啊！到了旅行的第 2 天，差不多準備離開塞維亞的時候，我才終於適應在晚上 10 點享用晚餐。很晚才用餐，再加上每到一個餐館就有不同的開胃菜可以品嘗，對於體重管理來說，西班牙真是個萬惡之地。

西班牙人的驕傲，赫雷斯的雪莉葡萄酒

我開著車把整個安達露西亞繞了一遍。前往西岸的卡地茲市（Cadiz）途中，我順便去了一趟赫雷斯（Jerez）。這個小鎮最出名的特產是雪莉酒（Sherry wine），不帶甜味且

酒精濃度高的雪莉酒與氣泡酒「卡瓦」（Cava）是西班牙人的驕傲。一如法國有「香檳」，而西班牙最引以為傲的則是「雪莉酒」。

卡瓦氣泡酒並不昂貴，我在韓國常有機會品嘗，而雪莉酒卻從來沒有接觸過。享用 Tapas 的時候，輕鬆來一杯雪莉酒當餐前酒是最適合不過了。這裡生產的雪莉酒也可稱為赫雷斯葡萄酒，其實雪莉酒這個名稱是英國人把赫雷斯說成雪莉的發音而來。

我在赫雷斯的一家餐廳點了一份「西班牙生火腿」（Jamón）搭配雪莉酒當早午餐。原來雪莉酒的種類比我所知道的還要多，從清淡到甜膩，口味非常多樣化。我因為不喜歡甜膩的口感，所以點了一杯淡口味的葡萄酒。但在上午喝，酒精濃度略嫌高了些，搭配生火腿品嘗，跟單喝雪莉酒的口感完全不同。

具有多樣化種類的雪莉酒，味道也各有不同，能夠和當地的任何食物達到恰如其分的和諧。有些適合搭 Tapas，有些則與生火腿特別合拍……。假如我把這裡其中一種雪莉酒帶回韓國單喝而不搭 Tapas 的話，會是如何呢？味道應該會跟在當地喝的時候不一樣吧？雪莉酒果然還是要在西班牙喝才能夠品嘗到最道地的味道。

在哥倫布揚帆準備找尋新大陸的卡地茲市參加慶典

　　我從赫雷斯前往卡地茲市，離卡地茲市越近，路上車輛就越多。我切身感受到那著名的卡地茲慶典熱鬧的氣氛。每年 2 月，市民們會在葡萄酒和音樂以及熱舞的助興下，舉行連續 10 天的卡地茲慶典，在我抵達的那天正好是慶典如火如荼進行的時候。慶典果然很有西班牙人的風格，到了夜晚才真正展開，不過白天在街上也看得到很多穿著慶典服裝的市民，到處是興高采烈跳舞的人們、教堂前有合唱團唱著歌、孩童穿戴著新郎新娘的裝扮等等，充分感受到慶典的氣氛。

　　卡地茲是一個歷史悠久的港口小鎮，從 3 千年前城市建立以來，歷代受到羅馬、西哥特及伊斯蘭的統治。哥倫布就是在這裡將找尋新大陸所需要的人力和物資搬上船並起航展開探險之路，在哥倫布發現新大陸後，因為與美國進行物流交易而從此蓬勃發展，有這麼一段華麗的過去。

　　想像著西班牙帝國過去橫掃千軍、將所到之處皆納入殖民地的繁盛年代，而今卻淪為經濟一蹶不振的國家，實在叫人唏噓不已。也許現在是他們最艱難的時刻，但相信曾以帝國之姿統領世界的他們，一定能夠克服難關。

匆匆一瞥——摩洛哥

從卡地茲往阿爾赫西拉斯（Algeciras）的路比較狹窄，途中很多上坡路，沿路也沒有什麼樹木，一路上總覺得好像是被拉進什麼詭異的國度。連天氣也變幻莫測，一會下雨一會放晴，短短 2 個小時之內所有種類的天氣都輪番上陣。不知道是不是因為如此，每個銜接的山坡路都顯得特別戲劇化。

我搭上一早從阿爾赫西拉斯港口開往摩洛哥的渡輪，途經左邊的直布羅陀（Gibraltar）直接往南方駛去。大約開了 1 小時後，抵達西班牙的海外領地——休達（Ceuta）港，有個身穿摩洛哥男性傳統衣裳「Jabador」的導遊，等候著參加一日遊行程的觀光客到來。我坐上他準備的迷你巴士。巴士立刻出發通過西班牙與摩洛哥的邊境後，慢慢開往得土安（Tetuan），在慢速行駛中我盡情欣賞著車窗外陌生的異國風景。我們在直布羅陀海峽航行才 1 小時，眼前的陸地已經是完全不同的面貌。土地、房子、道路都呈現出另一種氣氛。只見光禿禿的山頭和紅土、廣大的丘陵和阿拉伯式建築，以及表情陰鬱的當地人。

抵達得土安市的我們被帶進了一處曲折蜿蜒如迷宮的巷弄裡，感覺好像來到一個很吵雜的菜市場。據說大門如果漆成綠色就是商店，棕色則是一般民宅。經過了販售華麗顏色

摩洛哥得土安市全景。

的顏料行、將各種橄欖成堆放在店裡賣的商店，以及在巷子口捲毛線的人們，一直走到水果行和魚攤我才停了下來。真是應有盡有。我想，世界上任何一個地方只要是有人居住的地方其實都差不多。這兒的街頭有點像 1960 年代的韓國街景。

英國的海外領地——直布羅陀

為了從西班牙前往外形如巨岩的直布羅陀，必須先到出入境管理局報到。讓我切身體驗了西班牙和英國至今仍為領土而紛爭不息的真實感。當地建築上掛的是英國國旗，警察身上穿的制服也都不一樣。

直布羅陀（地名源自阿拉伯語 Jabal Tariq，意即「塔里克之山」）就像一個從海裡隆起的巨大岩石，山下的城鎮裡有許多美麗的商店比鄰而居，車道也很狹窄。

驅車前往位於直布羅陀最南端的「歐洲之角」（Europa Point）的路上，我想起約翰・藍儂與日裔美籍音樂家小野洋子的愛情故事。當時已經各有家庭的兩人陷入命運的情網便各自離婚，1969 年在這個地方共結連理。忽然之間，我好想知道他們拿著結婚證書拍照紀念的地方是哪裡，我要去找一找。

隆達、新橋與海明威

開車在海邊行駛了好久，正當我狐疑的想著：「這種深山裡真的會有村落嗎？」，車子終於來到隆達（Ronda）。車子轉了個彎正要下坡的瞬間，我遠遠望見有許多大大小小白色房子的村落，美麗極了。位於海拔 750 公尺的村落正上方有大片雲層，從遠處看過去，村落就像是浮在半空中似的。德國詩人里爾克曾經形容這裡是「天上庭院」，真是再貼切不過。

走進村子裡，便看見橫跨埃爾塔霍峽谷（El Tajo gorge）兩端，連接舊市街與新市街的「新橋」（Puente Nuevo，據說是從峽谷下方河流將巨大石塊堆疊到 120 公尺高，耗時 40 年才完工）。從橋上往下看，峽谷高聳陡峭，令人頭暈目眩，好像稍一不慎就會墜落谷底的感覺。

我在新橋附近訂了一間旅館，然後悠閒地逛逛隆達這座小鎮。海明威在這裡完成小說《戰地鐘聲》，這對隆達居民而言是非常引以為傲的榮耀，旅館主人也驕傲的對我提起海明威，並且告訴我同名電影同樣也在這個小鎮拍攝。隆達原本只是一個沒沒無聞的小鎮，卻因為享譽國際的作家而得以聞名全世界。換言之，多虧了海明威，讓這裡得以揚名。

隆達鎮上的鬥牛場建於 1785 年，是西班牙歷史最悠久

安達露西亞之寶——隆達。

的場地，每年 9 月會舉行精彩的鬥牛競賽。在當地的博物館陳列著鬥牛競技創始者法蘭斯哥（Francisco Romero）及其將鬥牛昇華為藝術的孫子佩德洛（Pedro Romero）等……羅美洛家族的肖像畫和鬥牛士服裝，以及當時鬥牛場面的照片和畫作。西班牙浪漫主義派畫家哥雅在成為宮廷畫家之前，跟著鬥牛團走遍西班牙，他當時的畫作栩栩如生地呈現了 19 世紀初西班牙人鬥牛的場景。我在博物館的禮品店挑選了一幅以熱情色彩呈現鬥牛畫面的小畫作。旅行中購入的畫作類紀念品，只要捲起來好好地放進行李當中，就不須擔心旅途中會造成困擾，是相當理想的紀念品。

2010 年夏天，美國第一夫人蜜雪兒‧歐巴馬帶著女兒到隆達度假，讓這裡的名氣更為人所知，是一個讓我捨不得只拍幾張紀念照就離開的迷人小鎮。

世上最浪漫的王宮——
格拉納達的阿爾罕布拉宮

曾經受阿拉伯人統治 800 年的格拉納達（Granada），是 14 世紀時斯伊比利半島最繁盛的伊斯蘭城市。當時阿拉伯人死守此地到最後一刻，直到 1492 年才不得不被基督徒逼退到摩洛哥，所以今天我們才能夠在西班牙看到展現伊斯

蘭極致工藝的阿爾罕布拉宮（Alhambra）。阿爾罕布拉宮吸引了全世界無數旅人來到格拉納達。由於遊客實在人滿為患，如果不事先在網路上預訂入場券，很難在現場買到票。

　　王宮建造在可以一眼看盡格拉納達風光的丘陵上面。從丘陵往下走，一路經過赫內拉利費宮（夏宮）、卡洛斯五世宮殿、帕塔爾花園、納薩里王宮、阿卡乍堡，沿路遊覽大概花了 4 小時左右。這座王宮甚至成為法國人在建造凡爾賽宮時的範本，充分表現出精湛的建築之美。卡洛斯五世宮殿壯麗而雄偉，樸實中散發出華麗氛圍，我看見了人類在建築物上盡其所能展現出的極致氣勢。王宮的入場嚴格管控人數，因此等了很久才得以進入納薩里花園裡面的「獅子中庭」和「獅子泉」，從天花板到四面牆壁，全都是雪白而精美的石灰石雕刻，有如蠟像般細緻的裝飾美到讓人瞠目結舌。

　　從裝飾著王宮每個角落的噴泉和美麗的花園，便能感受到生活在取水不易的非洲和中東的伊斯蘭教徒對「水」的渴望。

　　水所象徵的淨化含意、水流的聲音以及水的美好，都可以在阿爾罕布拉宮看到完美的詮釋。雖然不像其他歐洲國家那些雄偉高聳的王宮與寶石裝飾或華麗畫作，阿爾罕布拉宮確實有其獨特的地方。我深深為幾何圖形的內部裝飾與細緻雕刻等其他地方看不到的獨特之美所吸引，如果可以一直待在這裡該有多好。

乘坐夜間臥舖列車
奔向巴塞隆納

為了歸還租賃汽車，我從格拉納達回到塞維亞。然後，我打算坐夜間臥舖列車「火車旅館」（Trenhotel，西班牙文「Tren」（火車）和「hotel」（飯店）併在一起的用語）前往巴塞隆納。

晚上 10 點 10 分從塞維亞出發的列車，在隔天早上 8 點 45 分抵達巴塞隆納。雖然路程本來就很遙遠，可是我覺得列車也跑得實在很慢。

所幸我買到的是一等臥舖的火車票，於是我被帶往提供裝有盥洗用具和過夜物品的小提包，看來潔淨又溫馨的車廂裡。我先到餐廳車廂享用了費用包含在車票內的晚餐套餐，另外加點了一杯葡萄酒，酒足飯飽後回到臥舖車廂熄燈就寢。彷彿躺在搖籃裡面的感覺，我在列車的震盪中舒服的晃動下很快就睡著了。

凌晨時分，我從睡夢中醒來，看見窗外漆黑的夜空中撒滿了數不清的星星。

建築家高第的城市——
巴塞隆納

　　巴塞隆納的最大魅力是可以親眼見到極度自由奔放的高第在建築上表現出的藝術境界。一位藝術家同時有 5 件作品被列為世界文化遺產是極為少見的情況。特別是至今尚未完工的「聖家堂」（Sagrada Familia）更是超乎人們的期待。我在瀏覽高第所創造出來的夢幻空間的同時，例如打破人們對公寓既定觀念的「米拉之家」（Casa Mila）與運用曲線的「奎爾公園」（Parc Guell），不禁讓我們思考一位天才留給全世界建築家以及藝術家的偉大影響。藝術與建築是永恆，而人生是短暫的。

　　畫家畢卡索雖然出生於馬拉加，但 13 歲時被帶到巴塞隆納接受教育，可以說巴塞隆納把這些天才教育得很出色。我在散發著中古世紀氣氛、林立著哥德式建築區的蒙卡達街頭找到了畢卡索美術館。原本因為安達露西亞的行程而無法前往馬拉加而感到惋惜，所以能在巴塞隆納看到畢卡索美術館真是叫人開心極了。尤其是可以看到之前到首爾展覽所沒有的畢卡索初期作品素描以及習作、版畫和瓷器作品，能夠一次盡覽他的作品變化是最令人雀躍的事。

　　我登上蒙特惠奇山，去參觀了巴塞隆納的另一名偉大畫

家「米羅」的書房改建而成的美術館。和畢卡索美術館一樣，可以同時見到這位畫家的初期作品到後來發展為抽象畫的作品變化。原本我一直以為米羅只是一個聞名的畫家，其實不僅如此。他在雕刻、陶藝等多方面也都展現出精湛的手藝，特別的是他在晚年才開始從事版畫的創作。前不久我才看過一則有關葡萄牙因為財經問題想將米羅的 85 件作品拿到佳士得拍賣會拍賣，結果遭到國民強烈反彈而在最後一刻取消的報導。如果換作是我們的政府這麼做，我們又會有什麼樣的反應呢？

原諒他人，其實是對自己好

一直都知道丈夫有外遇，而 B 小姐只是默不作聲地忍耐著。可是，她也因而嚴重的積鬱成疾，罹患了憂鬱症。她其實根本無法由衷原諒自己的先生。她在治療了很長一段時間之後，病情才開始逐漸好轉。

我和她分享了我在塞維亞看到科爾多瓦主教座堂的旅遊感想。我對她說這是一個猶太教、伊斯蘭教、天主教在同一個空間共用一間教堂的地方，如果不能對異教有所理解與包容就不可能有這樣的建築物，正因為能夠包容異己才能在伊斯蘭寺院內又增建禮拜堂。最後我告訴她，如果她能夠試著

原諒自己的先生，並且為自己做些改變，她將會看見比以前更好的自己。

後來一陣子不見的她再度出現在我的診療室。她微笑著告訴我已經把生意收起來了，雖然年紀不小，但她還是去報名了空中大學並且開始上課。她說是為了補償多年來為丈夫和孩子犧牲奉獻的自己才決定去念書。看見真心原諒對方而還給自己平靜心靈的她，我想為她歡呼：Bravo！

擁抱下一個可能，才是真正的贏家

因為允許吉普賽人保有他們的文化，佛朗明哥舞才能成為西班牙的舞蹈，因為沒有破壞伊斯蘭文化燦爛的建築，科爾多瓦主教座堂和阿爾罕布拉宮才能成為今日西班牙的驕傲。包容異己、共同締造歷史的西班牙，而安達露西亞無疑的是最能代表西班牙的地區。

肯定他人並且由衷原諒的時候，才能找到真正的自己。
就像安達露西亞！

| 太陽浴 |

西班牙的太陽真的很炙熱。尤其是安達露西亞的太陽，好似要把所有的東西都融化般的酷熱。據說整年當中只有幾天是陰天，安達露西亞的人們，正如太陽一樣既熱情又開朗。

人的情緒容易受天氣的影響。遇到晴朗的好天氣，心情會跟著開朗，下著陰雨的天氣，連心情都會跟著變差。陽光對精神健康的影響不容忽視，白天即便只是短暫曬一下陽光，就能夠促進麥拉寧色素的分泌，因而容易入睡，並且能夠得到改善鬱悶心情的效果。

不過，現代都市人曬太陽的時間比從前減少了許多。早上出門時，從住家地下停車場出發，到了公司同樣把車子停入停車場，一直到下班才離開。學生與家庭主婦也一樣很少能曬到太陽，因此最近越來越常見到心情鬱悶、睡不好的情形。

當你發現自己有疲倦的症狀，不妨每天撥出一點時間出去晒晒太陽。趁午餐時間，或是早上去上班的路上都可以。每天 30 分鐘以上讓太陽幫忙充充電，你會感受到身心靈變得更加健康。

旅行手札

巴塞隆納

馬德里

西班牙

塞維亞　格拉納達

隆達

直布羅陀海峽　馬拉加

得土安

| 旅遊行程 |

第 1 天：仁川→馬德里

第 2 天：馬德里→科爾多瓦→塞維亞（火車）

第 3 天：塞維亞→加的斯→阿爾赫西拉斯（自行開車）

第 4 天：阿爾赫西拉斯→休達→丹吉爾（摩洛哥）→阿爾赫西拉斯（渡輪）

　　　　／阿爾赫西拉斯→直布羅陀→隆達（自行開車）

第 5 天：隆達→馬拉加→格拉納達（自行開車）

第 6 天：格拉納達→塞維亞（自行開車）/ 塞維亞→巴塞隆納（臥舖列車）

第 7 天：巴塞隆納

第 8 天：巴塞隆納→仁川

| 旅遊資訊 |

- 西班牙美食

生火腿：西班牙傳統儲備食品，鹽
漬的豬後腿肉吊掛起來等待約 2 年
自然乾燥熟成的火腿。視豬隻品種
和熟成期長短而有不同的等級。這
裡的豬隻是放牧在空曠的平原上吃
橡果長大，伊比利亞品種的黑豬是
最好的。

- Paella：炒飯的一種

- Tortilla：西班牙式歐姆蛋

- Churros：細長的麵粉炸物，大眾化的西班牙點心。

- Bocadillo：西班牙式三明治

- Chipiron：炸墨魚
- Gazpacho：番茄冷湯
- Tapas：餐前配一杯酒簡單享用的開胃小菜
- 咖啡：沒有美式咖啡，只有濃縮咖啡、咖啡拿鐵或是卡布奇諾。
- 西班牙酒：
  - Sangria：混合紅酒＋水果＋檸檬水的雞尾酒
  - 卡瓦：西班牙代表性的氣泡酒
  - Sidra：西班牙傳統蘋果酒
  - Cerveza：啤酒，依區域性分不同種類。例如，塞維亞是「Cruzcampo」，馬德里是「Mahou」，巴塞隆納是「Estrella」。
  - Vino：葡萄酒。「Tinto」是紅酒，「Blanco」是白酒，「Rosado」是粉紅酒，「Casa」是飯店特色酒。
- 塞維亞／佛朗明哥購票：在以下網站可預約、購買 Los Gallos、El Arenal、El Patio 等塞維亞知名佛朗明哥演出餐廳的入場券。www.flamencotickets.com
- 格拉納達／阿爾罕布拉宮預購票：進入官網點選上方的「Family and More」會看到購票方式，右上方有英文版標示。以下午 2 點為基準分為上午／下午的票。www.ticketmaster.es/nav/es/index.html
- 西班牙列車「Renfe」乘車券預購：包括臥舖列車在內可以找到所有的火車票，也可以預購。www.renfe.com/EN/viajeros/index.html

美好的人、美好的大自然

義大利・托斯卡尼

慢活哲學 | Toscana, Italy

慢活的美學，
托斯卡尼

　　對我來說，托斯卡尼是一個懷抱歲月與傳統的地方、美食與葡萄酒的發祥地、將義大利葡萄酒帶向國際化的「超級托斯卡尼」（Super Tuscan）的故鄉、以充滿自然口感與香氣的樸實美食擄獲世界饕客美食家的地方、擁有絶美風景且保有中古世紀氛圍的城鎮而被評為最有義大利風情的地方、也是人們在努力工作的同時也懂得享受人生的地方。除此之外，也是義大利作曲家普契尼生前的住所、童話《木偶奇遇記》主角皮諾丘居住之地，以及盲人聲樂家安德烈·波伽利、電影《美麗人生》導演貝尼尼的故鄉，托斯卡尼是如此

深具魅力的旅遊景點。

　　擁有許多傳統文化遺產的佛羅倫斯，以及從 1873 年至今每年會盛大舉行海邊嘉年華（Carnival of Viareggio）的托斯卡尼，其葡萄酒的歷史從羅馬時代開始算起，傳承到現在已經超過 3 千年。是因為我太著迷於以托斯卡尼美麗景色為背景的電影《托斯卡尼艷陽下》和佛羅倫斯為故事背景的電影《冷靜與熱情之間》的關係嗎？不知從什麼時候開始，托斯卡尼就成了我非去不可的旅遊地點之一。而這次，我終於要前往這個深諳慢活美學的迷人國度了。

前往佛羅倫斯途中，
走進五漁村

　　從米蘭前往佛羅倫斯的火車途中，我決定在五漁村（Cinque Terre）的拉斯佩齊亞（La Spezia）站下車。五漁村是座落在海邊山崖上的五個小鎮，是托斯卡尼的國家公園，也是聯合國指定的世界文化遺產，我終於能夠品嘗到採用種植在山崖上的葡萄所釀製的甜酒「夏克特拉酒」（Sciacchetra）了。

　　從最北邊的蒙泰羅索（Monterosso Al Mare）到最後一個里奧馬焦雷（Riomaggiore），只要買拉斯佩齊亞周遊券就可

以用 1 天的時間全部走完。當然，如果時間充裕的話，也可以沿著海邊的山崖小徑健行。

從車站往下看到的第一個漁村是——蒙泰羅索。海邊擠滿了嬉水和享受日光浴的遊客。雖然已是 9 月的第 2 週，但這裡的氣溫仍然蒸騰。

雖然原先並無計畫，但天氣實在太熱，我決定到海邊租把海灘傘，把身體交給太陽、享受海水浴的樂趣（像這樣不時脫軌一下，旅行才會有意想不到的妙趣）。一邊游泳一邊望向遠處海邊的山崖，我看到了那知名的蒙泰羅索山頂上種滿了葡萄樹。依序參觀完所有的村鎮之後，我在 Enoteca（洋酒專賣店）買了兩瓶老闆推薦的夏克特拉酒放到後車廂，再度坐上開往佛羅倫斯的列車。

列車駛過普契尼出生的城市盧卡（Lucca）以及托瑞德拉古（Torre del Lago）村落，普契尼曾居住 30 多年的故居就位在此地，他在此創作《波希米亞人》、《蝴蝶夫人》、《托斯卡》、《杜蘭朵》等歌劇而登上音樂人生最高峰。

我抵達佛羅倫斯時已屆晚餐時間。如果是在 7、8 月，我就可以好好享受「普契尼歌劇節」，只可惜時間不對。

綻放文藝復興花朵的城市——佛羅倫斯

　　我辦好飯店的入住手續後外出，走在充滿古風的佛羅倫斯街頭，順便找地方吃晚餐。過去佛羅倫斯的富強足以支撐整個歐洲，不過，比起經濟上的富足，後世之所以對佛羅倫斯有著深刻的印象，是因為在文藝復興時期占有相當重要地位的梅迪奇家族。梅迪奇家族以雄厚財力為後盾，邀請當代最頂尖的人文學家、科學家、藝術家前來佛羅倫斯發展，締造了人類史上最偉大的文化時代——文藝復興。

　　當時，佛羅倫斯成為了米開朗基羅、伽利略、但丁、馬維利、達文西等天才人物活躍的地方，其光榮的軌跡至今依然閃亮，這也是全世界人們對佛羅倫斯趨之若鶩的重要原因。

　　許多歷史上的偉大建築物如：聖母百花大教堂（Cattedrale di Santa Maria del Fiore）、烏菲茲美術館（Galleria Degli Uffizi）、聖老楞佐大殿（Basilica di San Lorenzo）、老橋（Ponte Vecchio）等都集中在同條路上。我走在微涼的晚風裡，邊走邊欣賞橫跨佛羅倫斯的阿諾（Arno）河岸邊文化遺跡，文雅地點綴歷史區的夜景，也看見了美麗的老橋。

　　二戰當時，被迫撤退的德軍將阿諾河邊的建築物毀壞殆盡，唯獨老橋被保留下來。我望向老橋，輕輕哼唱起普契尼

的歌劇詠嘆調《親愛的父親》（*O Mio Babbino Caro*）。是不是每個人來到這裡都會想起這齣著名的歌劇呢？除此之外，老橋在現代是受到無數情侶喜愛的約會場所。據說因為老橋是但丁與貝緹麗絲最初相遇之處，所以有很多情侶都會在這裡立下山盟海誓，在橋上扣上愛情鎖頭後，將鑰匙投入河裡以示證明。若真能將情人的心上鎖，永遠只屬於自己一個人，那該多麼美好……。

來到佛羅倫斯的第一頓晚餐，我在由韋拉扎諾酒莊直營的餐廳「Castello di Verrazzano」點了一杯奇揚地葡萄酒搭餐。眼前堆滿了以托斯卡尼傳統方式製作的普切塔（Bruschetta，碳烤過的麵包上放起司、水果、蔬菜、火腿等食材的開胃前菜）和切片比薩、帕爾瑪火腿（Prosciutto，義大利傳統生火腿）的吧台，讓我切實感受到是真的來到佛羅倫斯了。果真是民以食為天啊。

有梅迪奇家族的支持才能完工的城市

我去參觀了收藏梅迪奇家族龐大蒐藏品的烏菲茲美術館。在這裡可以見到如喬托、波堤切利、達文西、米開朗基羅、卡拉瓦喬等文藝復興時期代表性藝術家的知名作品，尤其是波堤切利的《維納斯的誕生》，有幸親眼目睹教科書裡

面的名畫，當下感動無以言喻。

與烏菲茲美術館同樣代表佛羅倫斯的聖母百花大教堂，傳說中和情人一起踏上階梯，愛情就會圓滿，因此又稱「情侶聖地」。曾出現在電影《冷靜與熱情之間》的這座教堂，與聖伯多祿大殿稱為義大利最美麗的主座教堂。可以觀賞到穹頂畫《最後的審判》以及多那太羅的彩繪玻璃藝術、米開朗基羅的雕刻《聖殤》等等令人嘆為觀止的文藝復興時期藝術品。

通往教堂頂樓的階梯又長又陡，然而從頂樓瞭望台看見的絕美風景，令我瞬間忘了爬上來的痛苦。領主廣場（Piazza della Signoria）樹立著許多藝術雕刻和雄偉建築物，讓人目不暇給。我看見只靠一把吉他就讓觀光客們停下腳步的一個街頭樂師。走了一天也覺得有點累的我，買了枝冰淇淋坐下歇歇腳、聽聽技藝高超的樂師精湛演出。我看了看周圍，不遠處是現今作為市政廳的舊宮。1985 年的電影《窗外有藍天》的宣傳海報，就是從舊宮 3 樓大窗戶往外看的景觀，看著遠方的主座教堂和鐘塔、欣賞 2 樓寬敞房間天花板上的美麗畫作，都讓我這個遊客雀躍不已。

夕陽西下，我在河邊坐上市區巴士，車子開往河的對岸，開了好久才到達目的地米開朗基羅廣場（Piazzale Michelangelo）。有許多人為了飽覽佛羅倫斯市區風光而來到廣場上，往阿諾河看去，老橋倒映在河面上的夜景盡收眼

底。從矗立在中間的主座教堂右邊看去是聖十字聖殿和烏菲茲美術館、左邊是碧堤宮，市區後方是連綿不絕的低矮丘陵構成的托斯卡尼風景。佛羅倫斯真是個充滿了歷史風情且深具魅力的城市啊。

格雷薇的農家民宿

我開著在佛羅倫斯租來的飛雅特小客車，來到位在奇揚地區格雷薇（Greve In Chianti）鎮上事先預約的農莊民宿（Agriturismo）。最初在計劃旅行的時候，因為希望可以借宿在製作葡萄酒或是栽培橄欖的農家，體驗當地人的生活和飲食，因此決定住進農莊。開在佛羅倫斯向南的路上，離開了城市的範圍，托斯卡尼的田園風光在眼前展開。沿著 222 號國道開車大概 40 分鐘，我來到格雷薇鎮。

在或高或低的丘陵上，有著一望無際的葡萄園和橄欖園，到處可見象徵奇揚地葡萄酒的公雞以及代表「慢活城市」的蝸牛標示，讓人感受到悠閒的生活步調。還得花 20 分鐘車程，從格雷薇市區再開上周圍都是葡萄園、未經整修的山路，前往 5 公里之外的山頭，才能抵達這天要投宿的農莊民宿「勒賽迪內樂」（Le Cetinelle）。在網路上預約的時候，我只注意到「離大馬路約 5 公里」，以為可以很快找到，

萬萬沒有想到必須在崎嶇不平的山路上開車。看著天色越發昏暗，眼前又是無盡延伸的山路，正當我開始緊張時，民宿出現了。偌大葡萄園正中央是紅色的農家房舍、游泳池與寬敞的庭院，該有的一樣也不缺。和親切又重感情的民宿主人夫婦 Simonetta 與 Luca 聊了幾句之後，我深深為他們樸實從容的生活態度所吸引，不但親自種植葡萄也經營酒莊。

入住勒賽迪內樂的旅客可以在公共廚房用自己買回來的食材做料理，並使用以這裡栽種的葡萄所製成的巴薩米克醋入菜。更令人開心的是，能夠盡情品嘗葡萄酒和水果（葡萄酒以量計價，採自律性的付費方式，喝多少就把該付的錢投入籃子內）。對托斯卡尼傳統料理有興趣的人可以報名農場主人的料理教室學做菜，每天早上享用農場主人用精湛廚藝準備的早餐，是住這家民宿的福利。

我在破曉時分帶著相機到外頭，腳步輕巧地路過葡萄園。濃霧低垂的葡萄園裡只聽見鳥鳴聲，不禁驚覺原來我們平常是生活在多麼車水馬龍的喧嚷城市。主人夫婦的屋前院子裡開滿了他們用心照顧的各種花朵，院子一隅樸實的擺著鞦韆和戶外餐桌。

聽說從英國或法國來家族旅行的遊客通常會住上超過 1個月。住在這個座落於葡萄園中間的農家，每天從容享受陽光、品嘗主人親手釀造的葡萄酒和現烤麵包、新鮮起司。若如此放任自己太過於享受慢活生活，平日庸庸碌碌的都市人

格雷薇鎮上的農家民宿 Le Cetinelle 。

原有的速度感就會鈍化，回到日常生活之後恐怕一時很難再重新趕上生活的速度。住的越久，應該越難回到原本的生活步調吧。

慢活城市的發祥地──格雷薇

　　格雷薇是一個有 1 萬 4 千人口的小鎮，比我想像中的還要樸實。小鎮的中心豎立著義大利著名探險家喬瓦尼·韋拉扎諾（Giovanni da Verrazano）的銅像，還有葡萄酒展覽館兼葡萄酒專賣店的公共葡萄酒試飲中心、超級市場和教堂，以及有許多餐廳進駐的大型建築物，鎮上風景約莫如此。不過，這個小鎮卻是目前世界上正在大力推行的慢活城市運動的發祥地。

　　1999 年時，麥當勞等速食業者想要到義大利展店，格雷薇市長薩圖尼尼（Paolo Saturnini）基於守護義大利傳統食物而發起慢活飲食運動。後來，格雷薇、奧爾維耶托（Orvieto）、布拉（Bra）、波西塔諾（Positano）四個城鎮的市長也發出共同宣言，要建立永久維護自然與人類生活和諧共存的慢活城市，這即是慢活城市運動的開始。

　　一如慢活城市的作風，在格雷薇鎮隨處可見蝸牛圖案的路牌。慢活一詞中的「Slow」並非單純只是「Fast」的相反

詞，而是指人們必須尊重環境、自然、時間、季節與自我，營造從容的生活態度。因此，慢活城市追求的是重返悠閒生活而非持續無窮競爭的數位生活。

秉持著以慢活美學為基礎的慢活城市風格，格雷薇鎮上看不到速食品牌或是大型超市。這裡沒有人會在超市一次購足 1 週份量的食物，塞滿整個冰箱。

需要買菜的時候，人們會到鎮上的肉店和蔬果行，一面跟老闆閒聊、一面採買當天需要的蔬菜和肉品。而且鎮上多數的人都是以腳踏車代步。

尤其是法洛尼肉品店「Antica Macelleria Falorni」是經營超過 300 年、傳承到第八代的奇揚地名店。最受歡迎的商品是將冬天宰殺的豬肉撒上鹽巴放在陰涼處自然風乾，等待 2 年時間熟成的生火腿（帕爾瑪火腿）。在另一個城鎮潘扎諾（Panzano）有一間可以買到托斯卡尼式丁骨牛排「佛羅倫斯牛排」（Bistecca alla Fiorentina）的肉品店「Antica Macelleria Cecchini」，據說歌手艾爾頓·強也是這家店的常客。這家店每週有 3、4 天會在晚餐時間推出「托斯卡尼式慢活晚餐」（用餐過程大約 3 個小時，提供 5 種肉類料理）的開放式餐廳。想吃慢活晚餐最好事先預約。

其實，為了過慢條斯理的生活方式，又或者是為了享用慢工細活製成的料理，人們需要付出加倍勤勞的活動量。以傳統方式料理的食材需要投入更多的時間和用心。不是只有

在飲食方面如此，生活方式也是一樣。原本開車可以馬上就到達，卻靠雙腳徒步前進或騎很久的單車才能抵達目的地，像這樣的慢活生活，需要相對的勤奮和努力。也許是基於這個道理，格雷薇鎮上的老人家身體都很硬朗，而且大部分的長者都有自己的職業。我想，是因為這裡的人們飲食健康、過著健康生活的關係吧。

慢活飲食的精髓，托斯卡尼料理

　　來到托斯卡尼旅行的最大樂趣，便是能夠從菜單上盡情挑選以各地特有食材做成的美味料理。像是：比薩（Pisa）海岸一帶產出的牛肝菌和橄欖油、聖米尼亞托（San Miniato）的松露、使用野豬肉製作的帕爾瑪火腿和香腸，以及使用基亞納區（Chiana）放牧飼養的牛肉經由碳火炙烤而成的佛羅倫斯牛排、酒莊直接生產的巴薩米克醋，還有各種新鮮起司等等。民宿主人親手料理的早餐以及在市區餐廳吃到的當地美食，都非常適合搭配在地葡萄酒，帶給我永生難忘的回憶。

　　托斯卡尼麵包丁沙拉（Panzanella）是在酥脆的切丁麵包（一般會使用黑麥麵包）上加入番茄、紫洋蔥、小黃瓜、羅

上：格雷薇鎮的一家餐廳。

下：托斯卡尼式前菜料理——普切塔。

勒拌勻，以橄欖油、巴薩米克醋、鹽、胡椒粉調味後製成的沙拉。原本是從前農夫利用剩餘麵包做成的簡單沙拉，現在則是義大利人喜愛的一種平民美食。不但美味而且營養，還可以加入莫扎瑞拉起司（意想不到的新鮮口感和親民價格，真令人感動啊）、水煮蛋等加以變化口味。普切塔也是以前貧窮農夫拿來當點心吃的料理，在不同地區有不同的名稱，托斯卡尼式的說法則是「Fettunta」。在不同地區會加入不同餡料和抹醬，變化萬千的普切塔，光是看著就已經感受到愉快的心情和享用的樂趣。

此外，淋上兔肉醬汁的寬帶麵（Pappardelle PASTA）和利用麵包丁和紫高麗菜製作的托斯卡尼蔬菜湯（Ribollita）也都是以簡單方式料理的托斯卡尼傳統食物。另外，還有在義大利相當普遍的茴香臘腸（Finocchiona Salami，托斯卡尼特產，將豬肉以大蒜、胡椒粒、茴香籽以及奇揚地葡萄酒調味製成）以及各種起司，Ricciarelli（用水果乾製作的餅乾）和杏仁餅（Cantucci，甜味餅乾，傳統上是和餐後酒「vin santo」一起享用）等也都可以品嘗看看。

托斯卡尼的野豬肉特別出名。生活在山坡和樹林裡的野豬在大自然裡可以吃到香草和樹根、橡實、栗子、香菇甚至是松露。由於在野生環境生長，野豬肉迷人的風味在托斯卡尼是無敵的美味料理。各種野豬肉料理從古流傳至今，肉品店也有販售使用野豬肉製作的熱狗和香腸，十分受歡迎。

3千年傳統義大利葡萄酒的始祖，
托斯卡尼葡萄酒的魅力

　　位在格雷薇市區的公共葡萄酒試飲中心「Le Cantine di Greve in Chianti」提供托斯卡尼生產的所有葡萄酒種類的試飲，購買試飲券後，就可以拿著酒杯開始試飲有興趣的酒。

　　除了鎖定如「Tignanello」和「Sassicaia」等等有口碑的品牌之外，在托斯卡尼產區被列為 DOCG 等級（義大利葡萄酒最高等級）的 6 種葡萄酒當中，我選了在韓國很難喝得到的牌子來試喝，然後買了其中一瓶準備帶回民宿慢慢品嘗。回民宿的路上，也順道買了新鮮的莫扎瑞拉起司、番茄和剛出爐的麵包，突然發現自己好像是出來買菜的當地居民。

　　奇揚地出產的葡萄酒會以手工編織的稻草套子包覆瓶身，包裝相當獨特，這是因為以前的農夫會用草繩把酒繫在腰間，方便工作時渴了就拿起來喝的緣故。

　　奇揚地葡萄酒一向維持這種獨特的包裝方式，成功與其他地區的葡萄酒做出區隔，這也是讓奇揚地葡萄酒在消費者心目中佔有一席之地的功臣。而且，在奇揚地葡萄酒釀造廠當中，歷史最悠久的酒廠據說是從 10 世紀創立至今，已經傳承到第 32 代，可見「葡萄酒始祖」的頭銜絕非浪得虛名。

　　我前往 Castello di Verrazzano 酒莊參加預訂的午餐導覽

活動。由於離市區很近，人潮絡繹不絕。導覽介紹了前任莊主的祖先、也是在 1524 年發現了紐約港的探險家韋拉札諾的事跡，以及介紹地名由來，一邊享用令人食指大動的當地美食搭配韋拉札諾葡萄酒，度過了愉快的午餐時光。

我接著參觀了奇揚地附近的葡萄酒知名產地——蒙達奇諾（Montalcino）和聖吉米尼亞諾（San Gimignano）。

走進蒙達奇諾，便看見遠處山坡上有座古堡，原來是義大利最大酒莊之一的「邦菲酒莊」（Castello Banfi）。試飲之後，我選購了一瓶好年份的「蒙塔奇諾布魯內洛」（Brunello di Montalcino）。

在回奇揚地的路上，也到聖吉米尼亞諾參觀一下。橄欖樹的綠葉在陽光下閃耀，大片紅土上一顆顆葡萄熟成的風景宛如一幅畫。聖吉米尼亞諾街頭可見到住家前大大小小的窗櫺上擺滿各色花朵盆栽、保有中世紀古樸外觀的蒙達奇諾，隨處可見到古意的石牆路，與以葡萄酒為傲且努力守護家園的人們。我想，這一切都將永遠留在我的記憶裡。

最棒的兜風路線——
奇揚地葡萄酒道路與西恩納

托斯卡尼最美的兜風路線是在西恩納奇揚地一帶被稱為

「奇揚地葡萄酒之路」的222號公路，可以銜接到西恩納區。

　　開車在種滿整排橄欖樹的草原上奔馳的感覺很夢幻，廣大丘陵上不時出現中世紀時期建造的城堡和房子。丘陵之間柏樹林高聳入雲，沿路欣賞蜿蜒曲折的葡萄園風景和小巧村落，在這條路上就算得整天開車應該也不會有疲勞的感覺吧。如此童話般的風景讓我深深著迷，每過一個丘陵都忍不住驚嘆。道路兩旁還有林立著許多古典奇揚地（Chianti Classico）的酒莊和古堡，這真是一條可以一邊盡情感受葡萄園和丘陵構成的托斯卡尼風情，一邊悠閒開車的迷人道路。

　　西恩納是保有13、14世紀文藝復興氣息的古都，由於至今仍然良好保存著中世紀遺跡和藝術，而被列為世界文化遺產。北邊的奇揚地葡萄酒之路銜接佛羅倫斯、南邊銜接蒙達奇諾、蒙特普齊亞諾。換言之，西恩納位處於「托斯卡尼葡萄酒三劍客」（奇揚地、蒙達奇諾、蒙特普齊亞諾）的中間位置。

　　進入西恩納市區後，當我朝山坡上望去，一眼就看見古色古香的中世紀城廓。從田野廣場（Piazza del Campo）通往西恩納主教座堂（Duomo di Siena，義大利唯一的歌德式建築教堂）的路上擠滿遊客。廣場上有個樂師正在用手風琴演奏韓德爾的樂曲。我沉醉在優美旋律，差點忘了是來參觀教堂的，就這麼忘情地聆聽手風琴的演奏。曲終時，我給了樂師豐厚的小費來答謝他帶給我意想不到的感動，然後走進教

堂大廳。

　　當我把教堂前義大利雕刻家皮薩諾（Giovanni Pisano）的歌德雕刻作品都拍進相機之後，走進教堂內那瞬間，我震懾於白色和深綠色交錯的巨大樑柱前。建築的外觀自然不在話下，從地板上的樑柱到天花板，無一不是精湛的藝術。

喚醒生命的慢活生活，改變你我的生活哲學

　　HS 先生除了平常的上班日之外，連週休假日也在忙公事，早就對生活盲目的他，在公司進行緊急會議途中突然昏厥，被送到醫院急診室。如果不是因為即時送到醫院，他很可能會因為心肌梗塞而回天乏術。平時忙於工作而導致生活作息不規律，加上本身有糖尿病和高血壓，倒下去只是時間早晚的問題。

　　出院後他到我的診療室求診，我也為他開了處方。其實，對他來說重要的不是處方，而是讓生活步調慢下來。試著把過去連睡眠時間都省下來工作的能量，轉而好好照顧自己的生命。為此，他必須先檢視自己的身心，從容地看看自己的生活，好好品嘗廚師用心製作的健康食物，他需要抱持著像蝸牛一樣生活的決心。

慢活飲食、慢活人生，
以及慢活旅行

　　縱使托斯卡尼的人家裡沒有大理石浴缸或是華麗的寢室、尖端科技的家電製品，每個人家裡卻一定都有烤麵包用的火爐和葡萄酒的儲藏室。他們的時間彷彿停格在中世紀時期，那是一種經過歲月洗鍊與保有傳統的令人嚮往的生活方式。

　　當慢活的概念變成生活的基礎，是否就能更享受人生、更多點人情味、更加從容因而能夠維持健康的身體呢？旅行其實也需要轉換不同的模式。與其分割時間，馬不停蹄地一次遊歷好幾個城市、好幾個國家，不如在同一個地方多停留一些時間，體驗當地的生活與氛圍。而且，比起到大城市旅行，是否應該多到小城市或鄉間走走？漫步在小城鎮感受悠閒情趣，相形於忙著到好幾個城市走馬看花，反而更能有所收獲。一如我在奇揚地品嘗葡萄酒和當地慢活文化的體驗。旅人透過慢活旅行才能夠充分得到心靈的平靜。

旅行和生活的速度，與幸福感成反比！

| 慢活飲食 / 產地食材健康學 |

「慢活飲食」和「產地食材」是現今當紅的健康飲食生活方式。相反於漢堡或三明治等速食，以訴求速度和效率而大量以機器生產，慢活飲食則是採用優質食材、即便費工費時仍講求傳統料理方式、訴求愉悅的味覺、保存傳統食物以放慢生活步調的飲食。

親手、慢工、用心製作的料理，同時也意味著相對繁複的手工以及烹調的時間。採用產地食材細心製成的料理，也是我們維護健康的最快途徑。以自然發酵食物製成料理的傳統韓式飲食，是人們公認的慢活飲食。此外，葡萄酒或是地方名酒等傳統酒也是另一種慢活飲食。因此，慢活飲食即是健康飲食的代名詞。

產地食材是不經長途運送、產地在半徑 50 公尺內的農作物，因為生產者與消費者之間的運送距離短，所以食材能夠保持最佳的新鮮度。採用產地食材不但能夠保障食材的新鮮度，由於物流移動的距離短，能夠減少碳排放。不僅減少環境破壞還能促進地方經濟，可謂是一石二鳥的作法。

健康菜單不該是罹患重病後不得已的選擇。平常就採用健康的產地食材和回歸自然的料理方式，才是守護健康的根本。

旅行手札

米蘭

熱那亞　　拉斯佩齊亞
　　　　　　　　　佛羅倫斯
　　　　比薩　　　　格雷薇
　　　　　　　西恩納　　托斯卡尼
　　　　　　　　　　義大利

| 旅遊行程 |

第 1 天：仁川→杜拜→米蘭（飛機）

第 2 天：米蘭→漁村→佛羅倫斯（火車）

第 3 天：佛羅倫斯市區（徒步）

第 4 天：佛羅倫斯→格雷薇（自行開車）

第 5 天：奇揚地附近

第 6 天：奇揚地→蒙達奇諾→西恩納→聖吉米尼亞諾→奇揚地

第 7 天：奇揚地→佛羅倫斯（租賃車退租）／佛羅倫斯→米蘭（火車）

第 8 天：從米蘭離境

第 9 天：抵達仁川

| 相關電影 |

● 《普契尼的秘密情人》（*Puccini e la Fanciulla*）導演：保羅‧本威努迪／2008
　年上映：以托斯卡尼為背景的義大利電影。

● 《窗外有藍天》（*a Room with a View*）導演：詹姆士‧艾佛利／1985 年上映：
　可看到佛羅倫斯不同面相的英國電影。

● 《托斯卡尼艷陽下》（*Under the Tuscan Sun*）導演：奧黛麗‧威爾斯／2003
　年上映：可看到托斯卡尼各種風光的美國電影。

● 《冷靜與熱情之間》（冷靜と情熱のあいだ）導演：中江功／2001 年上映：
　描述一對戀人相約愛情誓約的聖地──聖母百花大教堂的日本電影。

| 相關書籍 |

● 《天才的城市，佛羅倫斯》作者：金相根（音譯）。但丁、拉斐爾、米開
　朗基羅、梅迪奇、喬托、卡拉瓦喬等天才締造文藝復興時代的故事。

- 《托斯卡尼，我的甜蜜人生》（*The Reluctant Tuscan*）作者（Phil Doran）：習慣美國好萊塢生活方式的作者移居義大利托斯卡尼小鎮的生活故事。

| 餐廳資訊 |
- 佛羅倫斯「Osteria de Benci」：這裡可以品嘗到碳火燒烤的奇揚地牛肉、美味的托斯卡尼牛排。
  地址： Via de Benci, 13/r, 50122 Firenze ／ www.osteriadeibenci.it
- 佛羅倫斯「Cantinetta dei Verrazzano in Florence」：奇揚地區韋拉札諾酒莊直營餐廳。
  地址： Via de Tavolini, 18/r, 50122 Firenze ／ www. Verrazzano.com/en/the-place
- 格雷薇市區「Nerbone di Greve」：可以品嘗到托斯卡尼比薩、沙拉、牛排。
  地址： Piazza Matteotti, 50022 Greve in Chianti Firenze ／ nerbonedigreve.com

| 格雷薇相關資訊 |
- 農家民宿「Le Cetinelle」：www.cetinelle.com
- 公共葡萄酒試飲中心「Le Cantine di Greve in Chianti」：www.lecantine.it
- 肉品鋪「Antica Macellieria Falorni」：www.falorni.it
- 肉品鋪「Antica Macelleria Cecchini」：www.dariocecchini.blogspot.com

12

......

米科諾斯島、聖托里尼、地中海

希臘

自由意志的甦醒 | Greece

　　希臘文的歷史最早可追溯到 3,500 年前，是現存最古老的語言，歐洲國家的國高中以及美國的一流高中，希臘文都是必修的科目，因為西方的哲學、自然科學及文學都是從希臘文而來。學習西方文化之根的希臘文等於是在了解西方的語源，這就如同身為韓國人多認識漢字，有助於更了解韓語，道理是一樣的。

　　我雖然完全不懂希臘文，卻決定到希臘旅行的原因是，我似乎不太應該遊歷亞洲以外的國家卻不曾到過那些國家歷史的根源地希臘。我覺得沒到過希臘等於是看電影跳過前半部直接從中間開始看。

　　其實，我對希臘這個國家所知不多。對希臘的認知諸如：民主主義的起源、神話及奧運的發源地、蘇格拉底、柏拉圖、亞里斯多德、船王歐納西斯、女高音瑪麗

亞‧卡拉絲、女歌手娜娜‧穆斯庫莉、曾任文化部長的知名女演員梅蓮娜‧麥可麗、小說《希臘左巴》（*Zorba the Greek*）作者卡山扎契斯（Nikos Kazantzakis）以及音樂劇《希臘左巴》作曲家也是民族鬥士的提歐德拉奇斯（Mikis Theodorakis）、影響現代政治史的巴本德里歐與卡拉曼利斯兩大政治世家……等等，是我對希臘僅有的認知。

在決定了要前往希臘後，忽然間我有了一個幸福的煩惱，不知該選擇去聖托里尼（Santorini）還是米科諾斯島（Mykonos）。在亞洲，聖托里尼是前往希臘旅行的首選，但在歐洲，米科諾斯島才是夢幻的選擇。最後決定實現希臘之旅的奢侈夢想，兩個地方都去。

米科諾斯島與村上春樹

抵達雅典國際機場之後，我直接轉乘國內線的愛琴海航空（Aegean Air）班機，再度飛行 45 分鐘前往米科諾斯島。米科諾斯島被伯羅奔尼撒半島與土耳其的小亞細亞半島、克里特島等圍繞，是愛琴海 1,500 座小島當中最美麗的島嶼。飛機即將降落前，我望向窗外看見米科諾斯島周圍紺青色的海洋與島上比鄰而居的白色房子，令人印象深刻。我從高空第一眼就注意到傾斜的山坡上錯落有致的白色房子，以及狹

窄的巷道和白色的台階。

　　前來接應我到飯店的接駁車已在米科諾斯機場外面等候多時。在前往飯店的路上，我看著路旁的街景，切實感受到自己終於來到了希臘以及米科諾斯。漆成純白色的牆面上嵌著小巧門窗，窗台上擺著盛放的花朵盆栽，街上也看得到許多教會的鐘塔，這些景色迅速地從車窗外掠過。米科諾斯的面積雖僅只是首爾的六分之一，卻有多達 400 座教會，若說整個小島被教會的鐘塔所覆蓋也不為過。這真是一個特別的地方。

　　在村上春樹的旅遊散文集《遠方的鼓聲》中有一段話：「如果一直待在日本，必定會被繁忙的日常生活所牽絆，無可奈何的只能任由年華老去」，這本書敘述村上春樹在米科諾斯生活 1 個半月的感想及生活點滴。不管是在連棟式住宅的院子裡用繩子曬章魚的照片，或是在小火爐上用烤網烤魚的照片，都讓讀者看見村上春樹樸實的一面。

　　凡事處之泰然的希臘人發生的生活小插曲，或是與重感情又充滿活力的人們相處的瑣事，在村上春樹筆下都化作一段段饒富趣味的故事，帶給讀者超越旅行之外的更多共鳴。也許，我會那麼想要去希臘旅行，說不定就是因為看了這本書的關係。

騎機車環遊米科諾斯

我向飯店旁邊的一個店家借了機車，想到海邊看看。把一件泳衣和到海邊會需要的一條毛巾塞進包包裡，輕輕鬆鬆的出發去。雖然是 9 月，白天還是一樣可以舒服地做日光浴和游泳，所以到海邊來玩的人還是很多。只要準備一件泳裝、用來鋪在沙灘上的大毛巾和一本書，就能充分享受來到海邊的樂趣。

不過，島上也不光只有海灘和觀光客。原本米科諾斯是一個寧靜的漁村，港口岸邊停泊著漁夫們用來捕魚的船隻，而漁村旁是幾家白色外觀的希臘傳統酒館（Taberna）。在米科諾斯，隨時隨地都能在餐廳品嘗到新鮮的海產料理。至今我仍忘不了烤魚和花枝沾黃瓜優格醬（Tzatziki）的美妙滋味。因為非常合韓國人的胃口，每天我一定都會去海邊的餐廳報到，大啖烤魚佐黃瓜優格醬的料理。

在港口附近的後巷，我看見米科諾斯島的名產——鵜鶘。我從沒見過鵜鶘跟在觀光客腳邊走來走去的樣子，很是新奇。一群遊客從遊覽船下來一下子湧入新港口，一時之間港口變得喧鬧吵雜。這種時候，避開擁擠人潮的最好辦法，就是趕快躲進巷弄裡面的畫廊。

米科諾斯最佳的落日觀景點

　　白天騎機車出門到寧靜的海邊，享受日光浴或是游泳、小睡片刻，日暮時分再從市區西邊的小威尼斯區騎到海邊的咖啡座露台，悠閒地消磨時間。日落前1小時，有很多觀光客為了佔一個觀賞夕陽的好位子而湧入海灘。每個人都拿著希臘的傳統酒「烏佐酒」（Ouzo）或是希臘啤酒「Mythos」邊喝邊等著夕陽消失在水平線的那一刻。

　　小威尼斯的海邊露天咖啡座是最佳的落日觀景點，每到傍晚時分，日落前2小時就會湧入大批觀景人潮。坐在這裡的咖啡座，我一邊托著下巴欣賞日落之餘，一邊望向欣喜舉杯歡呼的群眾對著身旁正在啜飲烏佐酒的陌生人高喊：「Yamas」（乾杯），夕陽的壯麗景色讓人們忍不住讚嘆。

　　露台下拍打在沙灘上的浪潮聲，與手中閃耀著牛奶色澤的烏佐酒，以及其他許多和我一樣渾然忘我陶醉在日暮氛圍下的遊客，就這樣開始了我的米科諾斯之夜。

　　每到黃昏，悠閒欣賞美麗夕陽來拉開夜晚的序幕，有如慶典般的熱鬧氣氛總是持續到黎明，每一個瞬間都為遊客帶來無比的感動。

聖托里尼的繁華街道——費拉

離開了米科諾斯島，我前往位於愛琴海南邊的基克拉澤斯群島最南端、由火山臼（Caldera，火山中心點或火山附近地區形成像窪地般內凹的地形）構成的火山島——聖托里尼。

搭渡輪約 2 小時半，遠遠看見新港（Athinios Port）的風景。面向著大海矗立在陡峭山崖上的港口景觀，使得一群正要下渡輪的遊客不由得發出驚呼聲。我看見山崖邊一幢幢白色的房子。站在以前只是從海報上看過的風景前，我不由自主發出讚嘆的聲音。

外觀如新月形狀的聖托里尼由 5 個小鎮構成，居民集中在伊亞鎮（Oia）及費拉鎮（Fira）。我邁開步伐前往事先預訂的飯店。為了便於瀏覽聖托里尼的每個角落，我特別訂了位在島上中央位置的費拉鎮上的飯店。我坐上計程車，一路走過曲折蜿蜒如「之」字形、讓人有點心驚膽跳的山路前往飯店。車子前行了一段路，窗外開始出現林立著像是在猛烈陽光下被曬到褪色般純白色建築的小鎮。有如迷宮般複雜的巷道裡，有很多精緻的禮品店和服飾店、時髦咖啡館、畫廊和飯店。

聖托里尼風景。

辦好了入住手續後，我開始在小鎮閒逛。鎮上到處是來自世界各地的觀光客，

然而在這裡卻看不到有店家在街上攬客的行為，反而處處都能感受到濃厚的人情味。這裡的希臘男士宛如《希臘左巴》小說中樂天派的主角「左巴」，很有人情味、親切且給人爽朗的印象。

費拉鎮無論何時都讓人感覺活力充沛。清晨，在城鎮中心的 Theotokopoulou 廣場附近有當地居民在叫賣剛捕撈上岸的新鮮海產，白天則是到處擠滿觀光客。入夜後，則變成宛如童話裡的小鎮，以美麗的模樣粉墨登場。白色牆面的狹窄巷道裡，全都是有著藍色門窗的漂亮房子和餐廳，每一家商店和餐廳都很有特色的以蠟燭和燈光若有似無的照亮巷弄。晚間在這個有如迷宮般美麗的巷弄間徘徊，是在聖托里尼旅遊的最大樂趣之一。我想，在白天太陽正炙熱的時候來到這裡，只待一下就離開的那些渡輪觀光客，是不可能體驗這種樂趣的。

改造自驢子驛站的洞穴旅館

從費拉鎮的舊港口折返回來的路上，我好奇的坐了一次聖托里尼出名的「驢子計程車」（Donkey-Taxi）。在過去，

驢子是從碼頭到城鎮載客以及搬運物品的傳統運輸手段，是聖托里尼的偉大遺產之一。至今驢子仍然扮演著十分重要的角色，碰到旅遊旺季，靠驢子來載觀光客，而到了淡季則是搬運建築資材。

坐在驢子的背上走過險峻山崖上的 580 個階梯，也只有在聖托里尼才有可能經歷這種體驗。我戒慎恐懼地緊緊抓著韁繩，深怕一個不小心掉落山崖，待我放鬆緊張的身體，這才感覺到驢子因爬坡而起伏的背脊。

在設置纜車之前，驢子是從碼頭到城鎮唯一的運輸工具，有了纜車之後便逐漸被取代。而且，運送途中讓驢子停下來歇息的峭壁洞穴也都不再需要了。因此，出現了洞穴旅館（Cave Suite）。在原有的洞穴口裝設門板，內部設置寢室和浴室改造成旅館。

鎮上每隔一棟房子就是時髦的洞穴旅館，這是唯有聖托里尼才看得到的風景。我住的是隔成 7 間客房的洞穴旅館，從正門內側的戶外泳池旁邊階梯走上去，就可以看到兩個房間。樓下房間的天花板部分是我那間客房的陽台，每個房間一打開玄關門，就能迎面看見天藍色的地中海。

費拉鎮上的巷道狹窄、階梯又多，汽車根本開不進來，所以住這裡的旅館聽不到噪音，是讓人完全放鬆的清靜之地。我可以在艷陽下坐在陽台看書，也可以躺在美麗的戶外泳池邊躺椅上啜飲著莫吉托（Mojito）看大海、看天空，盡

聖托里尼的天藍色大海。

情享受不受干擾的休憩時光。

在伊亞鎮遇見世上最美的日暮

從費拉鎮騎機車約 20 分鐘左右，便可抵達伊亞鎮上的停車場。就如同常在電視廣告上看到的景色，白色牆面和藍色圓屋頂後面是一大片湛藍色大海，這背景就在伊亞鎮。一幢幢白色房子以藍色天空為背景，宛如一幅畫，靜靜地待在火山爆發形成的陡峭山頂上。

到了日落時分，原本分散在聖托里尼各地的遊客都會往伊亞鎮集中。因為伊亞鎮是能看到最美夕陽的地方，人們會坐在巷尾的平台上等待日落瞬間。

夕陽終於開始慢慢西沉。火紅的夕陽將白色小鎮染紅，慢慢消失在水平線的那一頭，這一幕美得令人屏息。看著鎮上白色的房子以及希臘正教會的圓屋頂和十字架，在夕陽餘暉下不停轉換著色彩，那夢幻的色調難以言喻。真不知該怎麼用語言形容這瞬間呢？

當太陽完全隱沒在大海的那頭，天色便暗淡了下來。令人意猶未盡的夕陽餘韻消失後，入夜後我騎著機車返回費拉鎮上的旅館，途中在路邊停了下來。我沉靜地望著山崖下一片深藍色的大海以及伊亞鎮的全景，想要牢牢記住這一切。

從聖托里尼的黑色海岸到
愛琴海的藍色大海

聖托里尼的面積只有濟州島的四分之一，騎機車只消半天時間就能逛完全島。如果是開車，從小島的這端到另一端，也只需要 1 小時。在這裡開車上路，沿路上藍色和白色和諧構成的寧靜風光，會讓人捨不得移開視線，唯獨在這座小島才見得到的夢幻美景，顯得更為獨樹一幟。在聖托里尼舉目可見的大海顏色，有著不同於其他地方海水的壓倒性魅力，擁有特別的名稱——「愛琴海藍」（Aegean blue）。這種迷人藍色不只是指這裡的大海，在聖托里尼到處都能看到這樣的藍。比鄰林立的白色房屋屋頂和門窗、大門全都是藍色，十分醒目。

在我回國後，當我在其他地方看到藍色都會不由自主的回想起聖托里尼。

陽光灑滿了我的肩膀，我騎著車來到聖托里尼最具代表性的卡馬利海灘（Kamari Beach），後面的古提拉遺跡（Ancient Thira）宛如環抱著這片沙灘。

火山灰使得海灘變成了黑色，故被稱為「黑色海灘」，覆蓋這片總長超過 1 公里海灘的泥沙和沙石也全都是黑色。海灘十分乾淨，也許是因為旅遊旺季結束的關係，顯得很幽

靜，我看見有幾個裸著上身、頭上別著向日葵的女子在沙灘上悠閒漫步。

聖托里尼的葡萄酒村——皮爾戈斯，以及美食餐廳

　　來到聖托里尼遊玩的另一個樂趣，是參觀採用在炎熱艷陽下生長的葡萄釀酒的酒莊，以及品嘗很難喝得到的品牌「Santo Wine」。因為聖托里尼特有的火山土壤、充滿陽光的宜人氣候與溫度，能夠栽培出高品質的葡萄，因而島上視線所及幾乎都是一大片的葡萄園。

　　聖托里尼的葡萄酒歷史可追溯到約 3,500 年前，聚集許多小規模酒莊的皮爾戈斯（Pyrgos）鎮上甚至有一間葡萄酒博物館。我為了參觀當地的酒莊，順便試飲葡萄酒，便前往 Santo Wines 酒莊。Santo Wines 酒莊內會播放敘述葡萄酒歷史的影片，另有可以搭配 Santo Wine 用餐的餐廳，以及露台景觀極佳的地方，想必旅遊旺季的時候應該人滿為患，但時值 9 月，則顯得有些冷清。

　　聖托里尼最知名的餐廳「席琳」（Selene）就位於這個在丘陵上建有城堡的皮戈爾斯鎮。這家餐廳是採用聖托里尼當地食材，提供美味獨到地中海料理的料理學校兼餐廳。原

本的店址在費拉鎮，後來為了擁有自己的農場和酒莊才會搬到皮戈爾斯。

我在席琳享用了午餐和聖托里尼產的白酒。餐桌上擺滿了現採新鮮蔬菜搭配口感滑嫩的菲達起士（Feta，希臘起士）以及新鮮橄欖和各種海產，完美得令人捨不得開動。早有耳聞這家餐廳只使用聖托里尼的食材，光是看著就能感受到食材的新鮮程度，不由得心情也跟著雀躍起來。這家餐廳的特色是使用新鮮食材融入時髦元素的傳統希臘料理，果然是名不虛傳。

活在古代神話與傳說之中的雅典

飛行了 55 分鐘，終於抵達雅典機場，這也是我在聖托里尼的最後一個行程。我預約的飯店頂樓戶外餐廳可看到雅典衛城（Acropolis），從房間大窗戶便能望見宙斯神殿（Temple of Zeus）。

來到雅典一定要先去看看雅典衛城，因為最極緻的傑出雕刻作品都在這裡。

雅典衛城裡面的眾多建築當中，最引人注目的是衛城的象徵——巴特農神殿（Parthenon）。這座神殿可說是希臘文化濃縮在一個建築物上面，為世人敘述著希臘過去華麗的歷

上：位於雅典衛城斜坡上面的巴特農神殿。

下：可以飽覽雅典衛城夜景的餐廳。

史與神話。曾經是供奉雅典守護女神雅典娜的神殿，後來改為教會、清真寺、武器庫和火藥庫等，每逢改朝換代就發揮不同的用途，直到遭到轟炸，如今我們看到的是沒有屋頂、牆面崩塌的殘骸。儘管如此，從殘餘的部分建築和頂柱上的雕刻，依然能遙想得到原本的建築樣貌有多麼華麗。巴特農神殿是希臘最頂尖的建築家與雕刻家們合力打造的傑作，想必目前還在進行中的修復作業應該是個艱難的工作吧。

雅典衛城旁邊有座在 2007 年完工的新衛城博物館（New Acropolis Museum）。運用玻璃和大理石展現高度品味的空間裡，收藏並展示著從衛城發掘的古文物。親眼見到矗立在廣大腹地上以現代簡約風設計打造的博物館，我不由得羨慕起這裡的居民。站在寬敞的開放空間、在這個巧妙運用玻璃讓光線也成為藝術一部分的迷人博物館裡，我深深陷入古希臘的世界。這座博物館本身就是榮耀雅典娜的一個紀念品。

左巴之舞——瑟塔基舞，以及希臘藍調

逛完雅典市區，肚子也餓了，於是我來到普拉卡（Plaka）街區的一家餐廳，碰巧看到裡面有群舞者正載歌載舞努力取悅台下的客人。儘管希臘的傳統舞蹈頗受好

評，但是這天贏得最大掌聲的還是左巴之舞——瑟塔基舞（Sirtaki）。就像是藉由肢體在高喊著「我是自由的！」這種舞蹈是由希臘傳統舞演變而來，可說是促成小說《希臘左巴》作者卡山扎契斯、將小說拍成電影的導演邁克爾・柯楊尼斯、舞台劇的作曲者米基思・狄奧多拉奇斯以及在電影中跳舞的男演員安東尼・奎恩等人受到世界注目的新式希臘舞蹈。

電影中，左巴藉由舞蹈表現出他極欲掙脫現實世界的壓抑，想要找回真正的自己的自由意志。富有濃厚希臘傳統氛圍的布祖基琴（Bouzouki）旋律前奏開始飄揚的時候，不管是正在展現舞蹈的舞者還是台下觀眾情緒也跟著高昂，是這種舞蹈微妙的魅力。

知名希臘女高音安娜斯・巴爾莎的《8 點離站的火車》（To treno fevgi stis okto）這類的希臘傳統民謠 Rebetika 以及較為現代感的 Laika 樂風，都有一種類似葡萄牙傳統音樂「法朵」（Fado）一樣滿懷惆悵的氛圍，確實感受得到音樂中獨特的旋律和灰色的抒情。希臘大眾歌曲不像義大利的民謠（Canzone）或是法國的香頌、阿根廷的探戈，似乎比較合乎韓國人的心境。

難怪希臘女歌手娜娜・穆斯庫莉在 1960 年到 70 年代的韓國十分受歡迎。

我非常喜歡希臘音樂中經常出現的布祖基琴的聲音，所

以在雅典市區的一家唱片行買了 2 張 CD。唱片行老闆推薦給我的是有「希臘藍調」之稱的傳統民謠 Rebetika。日後每當我聆聽這些 CD 的時候，應該會想起在希臘遇見的那些很像左巴的希臘人吧？

希臘最美的開車路線，以及海神波塞頓神殿

　　希臘之旅最後一天，我一早就退房離開了飯店，因為我要去蘇尼恩海岬（Cape Sounion）看看。巴士從雅典飯店出發，沿著面向愛琴海的海岸道路往南奔馳。後來我才知道，原來這條路是希臘最美的開車路線。海岸風光有多麼的美自然不在話下，蘇尼恩海岬之所以會受到世人的注目其實還有別的原因。因為船王歐納西斯及美國前第一夫人賈桂琳曾隱居於此，從此蘇尼恩海岬便成了知名的景點。希臘電影《Phaedra》男主角安東尼・柏金斯在片中開著跑車在海岸公路急馳最後駛入大海的地方就是這裡。

　　在 91 號海岸公路上奔馳超過 1 個半小時的巴士終於停了下來。我們到了蘇尼恩海岬參觀在西元前 6 世紀與帕德嫩神殿同時期建造的海神波塞頓神殿（Temple of Poseidon）。

　　據說 1,800 年代初期來到這裡的英國詩人拜倫（Baron

Byron，英國代表性的浪漫主義詩人）在這座神殿的圓柱內側寫下自己的名字，無奈柱子上爬滿了藤蔓，沒法親眼見到詩人拜倫的字跡。不過，英文導遊倒是為大家朗誦了拜倫的詩詞。

「Place me on Sunium's marbled steep, Where nothing, save the waves and I, May hear our mutual murmurs sweep.」

建造這座神殿時，想必人們心中曾經無數次祈求波濤洶湧的大海早日風平浪靜，而來到這裡的遊客，也許他們的心中也在默默祈禱著人生的汪洋能夠寧靜平順。

總是太在意旁人眼光的他，
來到這裡找回勇氣

我在蘇尼恩海岬的某間咖啡館喝著咖啡等待返回雅典的巴士時，和一位獨自旅行的英國青年理查聊了幾句。我的希臘之行最後一站是蘇尼恩海岬，而理查恰巧也是，閒聊之間因而多了一份認同感。我們分享了彼此對希臘之旅的感想，理查有些不好意思地說起到希臘旅行後他自己的改變。

原本不管做任何事情都很在意旁人目光的他，總是感到很不安，他覺得如果繼續這樣待在倫敦，很可能會發瘋，便毅然決然離開公司，半年前開始展開毫無目標的旅程。

來到希臘之後，他因為太喜歡這裡，所以已經待了幾乎一整個月，他說他找回了勇氣，打算將希臘當作是旅程的終點站，並且重回倫敦。理查覺得樂觀又快活的希臘人帶給他莫大影響，很感謝在路上遇見許多就像左巴一樣的希臘人，更發現在這趟旅行中，自己的自由意志確實甦醒了。最後，他對我說：「這次回到倫敦，我再也不會害怕別人怎麼看我，我要用自己的方式開心過日子。」

和理查對話的過程中，我的腦海裡閃過我曾經治療過的幾個失眠症患者。我想，我可以給他們一些建議。我要建議他們來一趟希臘並且看看這裡的左巴人，我希望帶給他們勇氣，讓他們相信當旅行結束的那一刻，他們將會看到嶄新的自己。

只有在希臘才吃得到的特殊美食

希臘優格（Greek yogurt）是希臘傳統發酵乳製品，脂肪含量與熱量都很低，卻含有高蛋白質的健康食物。一般使用羊奶製作，蛋白質和鈣的含量是一般優格的 2 倍，在美國幾年前就已經規定學校的營養午餐必須要有希臘優格。這種優格在希臘到處都買得到，所以整個行程當中我吃得很盡興。比一般優格更濃稠、更香醇的口感完全擄獲了我的味蕾。

對希臘人而言，早餐只需要一杯希臘咖啡和一根香菸。可見得希臘人愛喝咖啡的程度，而這種希臘咖啡確實很獨特。希臘人不喜歡以過濾的方式沖泡咖啡，而是直接加進水裡煮開來喝（土耳其咖啡也很類似），所以喝到一半會看到咖啡渣沉在杯底。儘管口感更加濃郁、風味迷人，但喝到看見咖啡渣的時候，還是得把杯子放下來。

　　希臘料理必定都會附帶傳統的黃瓜優格醬。做法是在希臘優格裡加入小黃瓜末和蒜泥、香草和食用醋調味而成，微辣中帶點鹹味，用來沾肉類料理或麵包，可消除油膩口感，讓人不知不覺越吃越多。第一次吃的時候我有點不能接受，但旅行中我漸漸適應了所有料理都附加黃瓜優格醬。吃飯吃到一半若是發現醬料沒有了，甚至還會急忙請店員再拿一些給我。

　　烏佐酒的做法是在葡萄酒製程中壓榨過濾後留下的葡萄渣中加入茴香製作的蒸餾酒。倒進細長的酒杯裡明明是透明無色，但是加水或冰塊後，竟會變成牛奶的顏色。酒精濃度是一般燒酒的 2 倍，要慢慢品嘗才不會醉倒。若到希臘的酒館用餐，大部分的人在點餐時也會點一杯烏佐酒。在享用希臘傳統料理如希臘沙拉（Greek Salad）、烤肉串（Souvlaki）或是茄子千層肉醬派（Moussaka）的時候喝一口，酒的香氣和料理的口感相互融合，形成絕妙滋味。

　　酒館賣的是杯裝的烏佐酒而非瓶裝酒，適合點 1、2 杯

來搭餐享用，有些餐廳則是只要點餐就會免費附上一杯烏佐酒。

但願死前有幸去一趟愛琴海

　　希臘小說家卡山扎契斯因其作品展現出超越宗教的自由意志，被視為褻瀆神聖而遭到批判，更被開除教籍，死後由於希臘正教不允許他葬入公墓，便改葬於克里特島，他的墓碑上刻著：「我一無所求，我一無所懼，我是自由的」。

　　他在《希臘左巴》書中，透過掙脫現實羈絆隨自身意願行動的自由人左巴，引導讀者自問什麼是真正的自由意志。在希臘旅行途中，我遇見無數的左巴人，而我也從他們的身上了解到，何為不受任何事物束縛的自由。於是，卡山扎契斯在最後才會留下「死前有幸去看看愛琴海的人是有福的」這樣的一句話。

　　　　想要尋求自由意志的人，去希臘吧！

| 地中海健康飲食──希臘料理 |

希臘人愛喝酒也喜歡高熱量的料理，然而世界上長壽的民族也是希臘人。他們有以下 3 個秘訣。

第 1 個秘訣是新鮮的食材。希臘人餐桌上的蔬菜大部分是來自於當地的乾燥氣候及土壤特質，經由自然農法生產而非溫室栽培。因此，包括小麥和馬鈴薯在內的各種蔬果都很新鮮美味。不管是肉羊或山羊都是在樹少、青草豐富的大草原上放牧飼養，肉質相當鮮美。尤其是從環繞整個國家的大海捕撈的海產和魚類，不僅種類繁多，口感和新鮮度也都是一流的。

第 2 個秘訣是橄欖和橄欖油。從歷史上看來，橄欖是希臘的象徵，雅典守護神雅典娜送給世人的禮物就是橄欖樹。希臘人非常珍視橄欖，雖然世界第一的橄欖盛產國家是希臘，卻因為這些產量大部分已經在希臘境內被消耗掉，所以沒有多餘的橄欖油可以出口。

希臘人民 1 年的橄欖油使用量是 20 公斤，比韓國人吃掉的泡菜量多出很多。就如同韓國人吃飯會配泡菜，希臘人則是喜歡以醃漬橄欖搭配各種料理食用。此外，從很久以前開始，希臘人就把橄欖油視為藥方。在消化不良或覺得快要感冒的時候，希臘人相信喝橄欖油能夠治療病症。

所有的希臘料理都絕對少不了橄欖油，橄欖油中含有苯酚和生育醇（維生素 E）等抗氧化物質，能夠降膽固醇、防止動脈硬化、預防心臟病、防止老化、使皮膚柔嫩等等具備長壽食品的諸多效果。

第 3 個秘訣是料理的方式。希臘飲食的料理方式在大蒜、洋蔥、羅勒、百里香、茴香等辛香料的使用上遠比其他地中海國家都多，也多半使用酸豆、檸檬汁、香橙汁等天然調味料。不過，使用最多的還是橄欖油，大部分的料理方式都是以襯托食材原味為主的簡單作法。

旅行手札

希臘

雅典

海神波塞頓神殿

米科諾斯島

聖托里尼

| 旅遊行程 |

第 1 天：仁川→伊斯坦堡→雅典→米科諾斯島（飛機）

第 2 天：米科諾斯島

第 3 天：米科諾斯島→提洛島→米科諾斯島（船）

第 4 天：足科諾斯島→聖托里尼（渡輪）

第 5 天：聖托里尼

第 6 天：聖托里尼→雅典（飛機）

第 7 天：雅典

第 8 天：雅典→蘇尼恩海岬→海神波塞頓神殿（巴士）

　　　　蘇尼恩海岬→雅典機場（巴士）

　　　　雅典→伊斯坦堡→仁川（飛機）

| 旅遊時機 |

希臘旅行的適當時機是 5 月和 9 月，雖然 6 月～ 8 月是旅遊旺季，但 5 月和 9 月的費用比較便宜，加上比起旺季遊客不多，是比較能夠享受旅行的時機。不過，這裡的秋天只有陰沉沉的氣氛，而冬天則是多數店家會因為冷冽的海風而關門不做生意，所以非必要實在沒有理由在秋、冬季前往愛琴海的島嶼。

| 相關電影 |

- 《希臘人左巴》導演：邁克爾‧柯楊尼斯／ 1964 年上映：暢銷同名小説改編的電影作品。

- 《地中海樂園》（*Mediterraneo*）導演：加布里耶勒‧薩勒瓦托勒斯／ 1991 年上映：二戰期間一群被派往希臘某個小島的義大利軍人，在與本國失去聯繫的情況下，和當地居民幸福生活的故事，是一部展現愛琴海美麗風光的義大利電影。

- 《第二春》（*Shirley Valentine*）導演：路易斯‧吉爾伯特／1989 年上映：一個對日常生活感到倦怠的平凡家庭主婦，在為期 2 週的希臘之旅中找回自我的故事。
- 《媽媽咪呀》（*Mamma Mia*）導演：菲莉妲‧洛伊德／2008 年上映：以希臘某個小島為場景的音樂劇（實際上是在愛琴海西北邊的斯基亞索斯島和愛琴海西邊的斯科派洛斯島拍攝）。回味「ABBA」經典歌曲的同時，可以欣賞到希臘的自然風光。
- 《死了也好》（*Phaedra*）導演：朱爾斯‧達辛／1962 年上映：將希臘悲劇神話以現代版重新詮釋的老電影。

| 相關書籍 |
- 《希臘羅馬神話》作者：李允基。身為出色的說書人及神話學家的作者，跳脫西方思維的角度，以韓國人的情感與想像力詮釋希臘羅馬神話故事。
- 《遠方的鼓聲》作者：村上春樹。村上春樹於 1986 年到 1989 年間與妻子在歐洲遊歷 3 年的遊記。
- 《希臘左巴》作者：卡山扎契基。以豐富的想像力，描述性格豪爽開朗的自由人左巴的心靈鬥爭的小說。

| 交通方式 |
- 雅典→米科諾斯島：飛機和快速線以及渡輪。國內線有奧林匹克航空和愛琴海航空，大約飛行 45 分鐘。高速渡輪約 3 個小時，一般渡輪約 5 個半小時。
- 米科諾斯→聖托里尼：高速渡輪約 2 個半小時。
- 聖托里尼→雅典：飛機和高速渡輪。飛行約 55 分鐘，高速渡輪約 4 小時。
- 全區間渡輪預約：Hellenic Seaway。淡季有很多地方的渡輪停駛。www.hellenicseaways.gr

| 其他資訊 |
- Santo Wine：www.santowines.gr
- 聖托里尼「Selene Restaurant」：www.selene.gr

離開的勇氣：
一個人的療癒旅行，12篇撫慰身心、發現幸福的世界遊記

作者‧攝影——鄭嬰安
譯　　者——徐若英
主　　編——林憶純
責任編輯——林謹瓊
內頁設計——李宜芝
封面設計——MARKOOSUN
行銷企劃——許文薰
董 事 長‧總 經 理——趙政岷
第五編輯部總監——梁芳春
出 版 者——時報文化出版企業股份有限公司
　　　　　　10803台北市和平西路三段240號七樓
　　　　　　發行專線／（02）2306-6842
　　　　　　讀者服務專線／0800-231-705、（02）2304-7103
　　　　　　讀者服務傳真／（02）2304-6858
　　　　　　郵撥／1934-4724時報文化出版公司
　　　　　　信箱／台北郵政79～99信箱
時報悅讀網——www.readingtimes.com.tw
電子郵箱——history@readingtimes.com.tw
法律顧問——理律法律事務所　陳長文律師、李念祖律師
印刷——和楹印刷股份有限公司
初版一刷——2016年6月
定價——380元

國家圖書館出版品預行編目資料

離開的勇氣 / 鄭嬰安著；徐若英譯 .-- 初版 .-- 臺北市：時報文化，
　2016.06
　面；　公分

ISBN 978-957-13-6651-7(平裝)

1. 旅遊文學 2. 世界地理

719　　　　　　　　　　　　　　　　　　105008335